Microsoft Office

Word 2013

Eine Kurzanleitung für Endanwender

Inhaltsverzeichnis

Der Bildschirm

Microsoft Word 2013 unterscheidet sich im Aussehen deutlich von älteren Word-Versionen

Man sollte beachten, dass sowohl Windows 2013 als auch Office 2013 für Touch-Screen Bildschirme optimiert sind und daher einige Besonderheiten, wie z.B. die strikte Kontextbezogenheit, aufweisen. Beim Einstieg hilft Word bereits mit Vorlagen, einen optimalen Einstieg zu finden. In der Regel starten Sie dann mit einem leeren oder einem bereits bearbeiteten (zuletzt verwendet oder ...weitere Dokumente öffnen) Dokument.

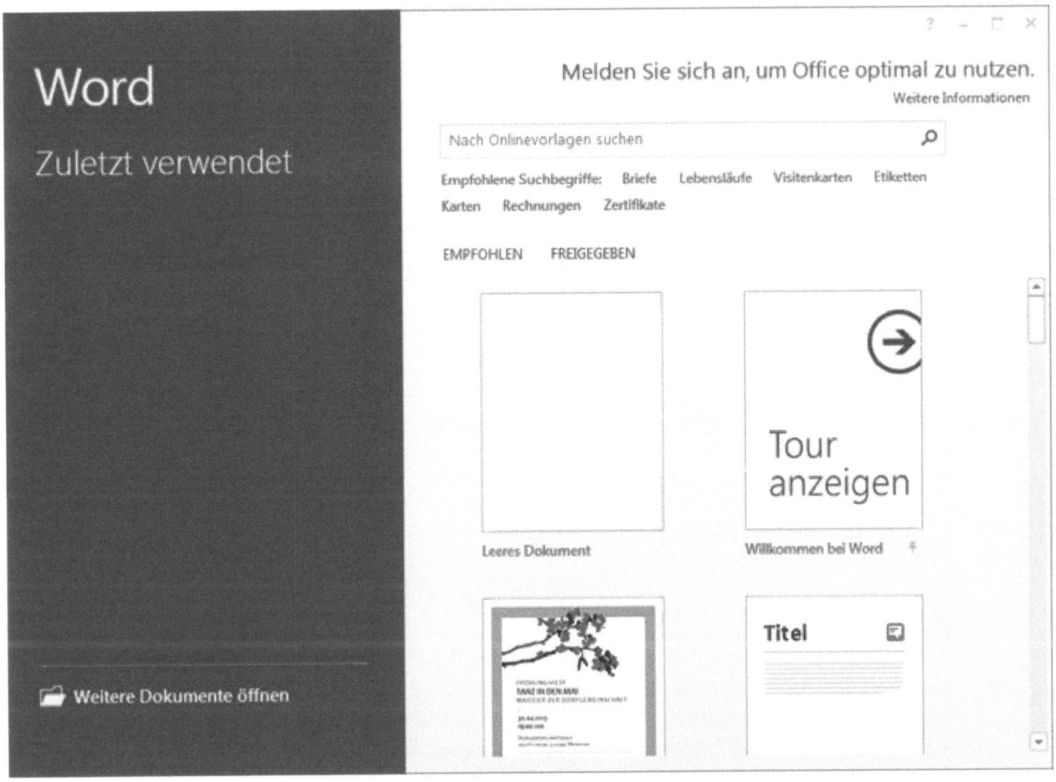

Wenn Sie ein Dokument geöffnet haben erscheint der Ihnen beinahe bekannte Bildschirm mit seinen Funktionen. Der Word-Bildschirm besteht auch bei Word 2013 aus einer Reihe verschiedener Leisten, die je nach Bedarf ein- und ausgeblendet oder auf die eigenen, individuellen Bedürfnisse angepasst werden können. Eine Ähnlichkeit zu Word 2007 und 2010 ist durchaus bezweckt.

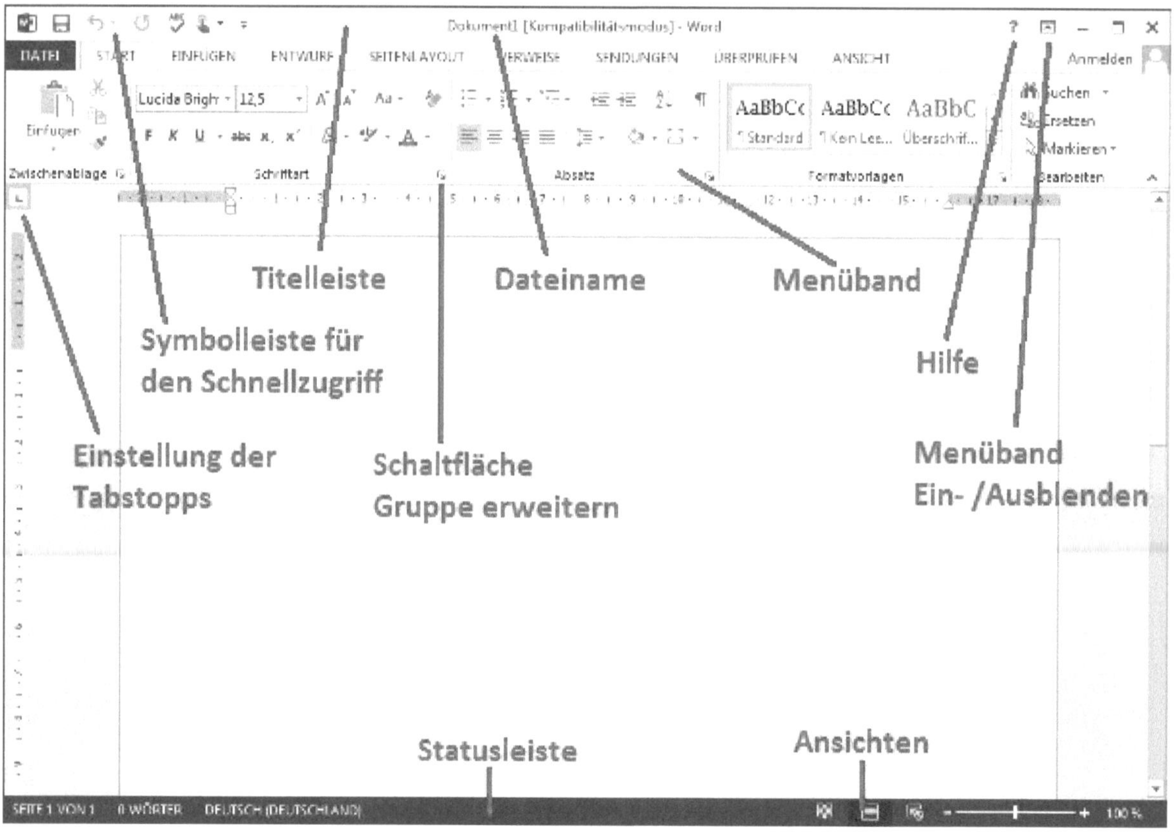

- Menüband – Wenn Sie ein Dokument in Word 2013 öffnen wird automatisch die Registerkarte Start im Menüband angezeigt. Diese stellt Ihnen die am häufigsten gebrauchten Befehle zur Verfügung.

- Datei – Hilft Ihnen die Dateien zu verwalten. Sie können Dateien öffnen, speichern, drucken usw.. Sie können hier auch Dateien konvertieren oder Verbindungen zu anderen Speicherorten auf dem Computer, extern oder in der Cloud herstellen. Es öffnet sich die „Backstage-Ansicht".

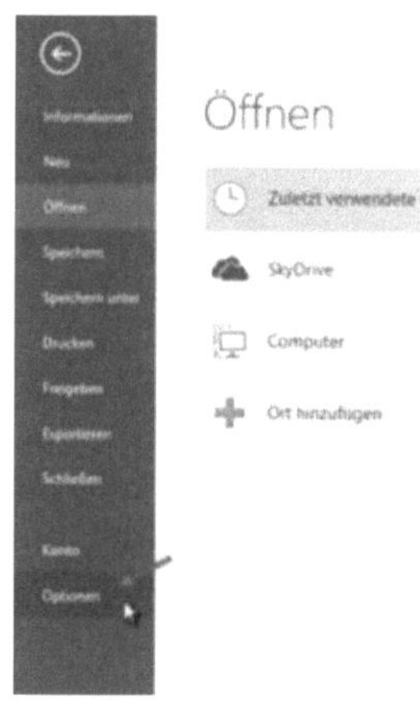

- Neben den Fensterschaltflächen finden Sie alles zum Thema MS Word 2013 „Hilfe“ und können das Menüband ein- oder ausblenden.

- Symbolleiste Schnellzugriff – Hierhin können Sie sich aus den anderen Menüs die Befehle in die Titelleiste kopieren, die Sie am häufigsten benötigen. Diese Befehle sind immer sichtbar. Klicken Sie dazu mit der rechten Maustaste auf einen Befehl um ihn in der Symbolleiste für den Schnellzugriff hinzuzufügen.

- Menüband mit den Befehlsschaltflächen – Hier finden Sie die kontextbezogenen Menübandregisterkarten. Einige werden nur bei Bedarf angezeigt. Wenn Sie z.B. mit Tabellen arbeiten oder diese markieren wird die Registerkarte „Tabellentools“ mit zwei zusätzlichen Registerkarten „Entwurf“ und „Layout“

  Die neue Registerkarte „Entwurf>“ in Word 2013 versucht Designs, Formatvorlagen und andere Formatierungsfunktionen zu vereinfachen.

  Sie können das Menüband einfach entsprechend Ihren Anforderungen anpassen indem Sie neue Registerkarten mit den Befehlen füllen die Sie am häufigsten verwenden. Klicken Sie einfach auf „Datei-Optionen-Menüband anpassen“.

- In der Statusleiste können Sie Wörter des Dokuments oder eines markierten Textes zählen lassen. Im rechten Bereich können Sie zwischen Lesemodus, Seiten- und Weblayout hin und her schalten. Darüber hinaus können Sie mit dem Schieberegler des Zooms die jeweilige Ansicht vergrößern oder verkleinern.

- Um sich im Text zurecht zu finden können Sie sich mit „Strg+F“ den Navigationsbereich anzeigen lassen. Hier können Sie die Struktur ihres Dokuments ändern, indem Sie in diesem Bereich einfach die Überschriften an eine andere Position ziehen.
  Mit Strg+H öffnen Sie das Dialogfeld „Suchen und Ersetzen“ um in sehr großen Dokumenten zu navigieren.

Die Registerkarten in Word 2013

Wie bereits beschrieben sehen Sie im oberen Teil des Programmfensters die Registerkarten. Die unterschiedlichen Arbeitsschritte sind hier zu Befehlsgruppen zusammengefasst. In den einzelnen Gruppen können Sie dann über die kleinen Pfeile unten rechts weitere Möglichkeiten/Optionen öffnen.

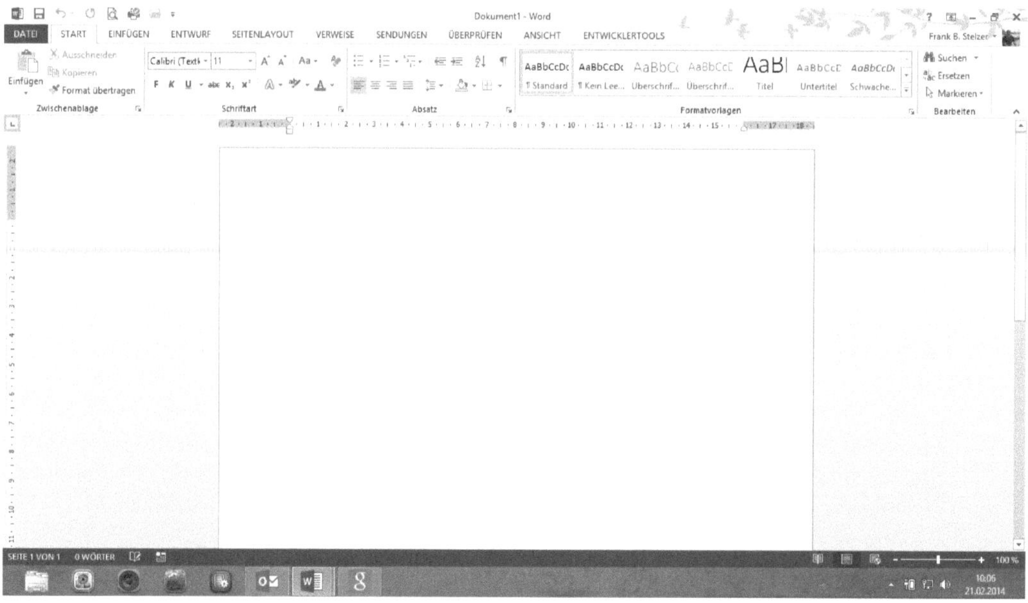

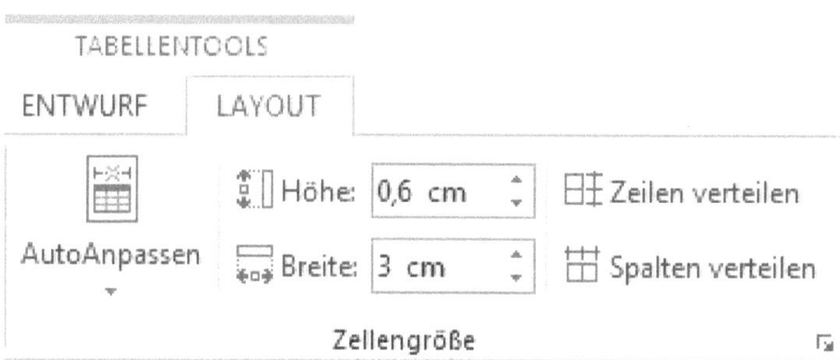

Je nach Bedarf öffnen sich weitere Registerkarten, wie z.B. für Tabellen- oder Bildbearbeitung.

Nach dem Öffnen des Programms ist die Registerkarte **Start** geöffnet. Hier finden Sie die gängigsten Befehle die Sie in Word benötigen, z.B. zur Text- und Absatzformatierung.

Die Registerkarte **Datei** bietet im Hintergrund alle Befehle für den „generellen“ Umgang mit Word, wie Speicherfunktionen, Druckfunktionen, Öffnen und Schließen, Kontoinformationen, weitere Optionen usw.

Alle Einfügeoptionen für z.B. Tabellen, Grafiken, Formen, Textfelder usw. sind unter der Registerkarte **Einfügen** vereint. Auch Kopf- und Fußzeilen können hier bearbeitet werden.

Die Registerkarte **Entwurf** entspricht in etwa der alten Dokumentenvorlage. Sie erhalten hier diverse Vorschläge für ein einheitliches Design und fertige Dokumentenformatierungen.

Mit der Registerkarte **Seitenlayout** richten Sie Ihr Dokument individuell ein. Hier werden Seitenränder, Dokumentenausrichtung oder Spalten bestimmt.

Falls Sie mit Fußnoten, Literaturverzeichnissen oder Querverweisen arbeiten oder einen Index einfügen möchten können Sie dieses unter der Registerkarte **Verweise** erledigen.

Alle Seriendruckfunktionen sind unter **Sendungen** zusammengefasst.

Alle Teamfunktionen und die Rechtschreibprüfung finden Sie unter dem Register **Überprüfen.**

In der Registerkarte Ansicht können Sie zwischen den verschiedenen Layouts, wie Lesemodus, Weblayout, Gliederung oder Entwurf auswählen. Auch die Zoomfunktion zur Änderung der Dokumentengröße ist hier versteckt.

Die folgenden Registerkarten öffnen sich bei Bedarf und tauchen erst auf wenn der Cursor auf den entsprechenden Bildschirmelementen befindet, dieses sind

- ✓ Tabellentools
- ✓ Bildtools und
- ✓ Zeichentools.

Das Thema **Entwicklertools** wird später besprochen. Diese werden unter „Datei-Optionen" separat aktiviert und dienen unter Anderem zur Formularerstellung.

Die Tastatur

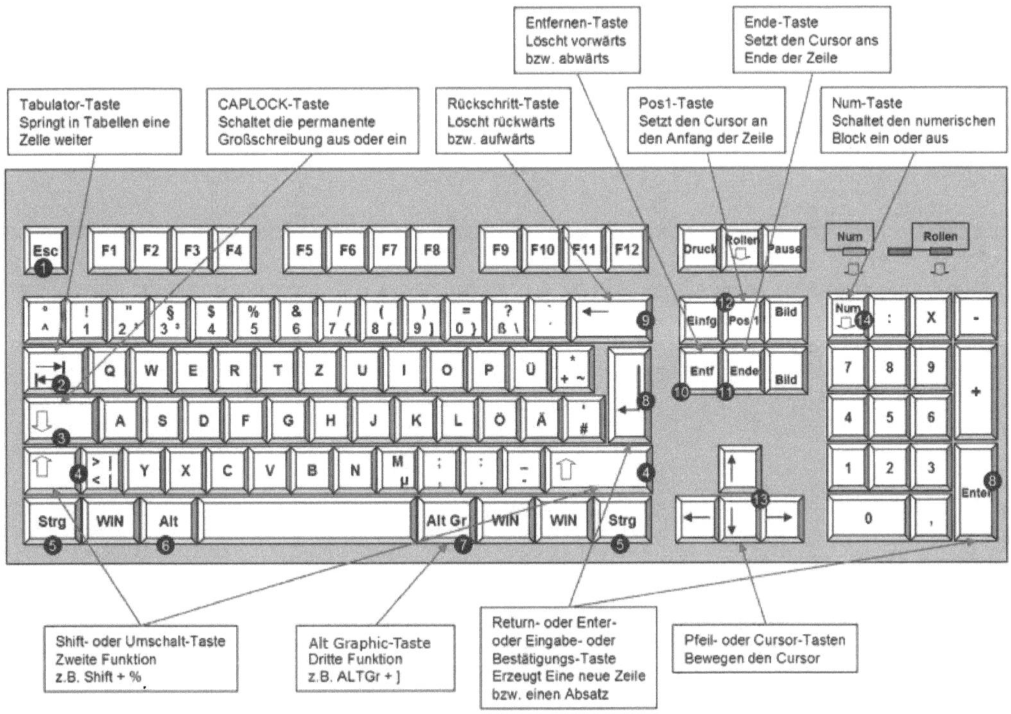

Die **Tastatur** ist das wichtigste Eingabegerät an Bildschirmarbeitsplätzen, insbesondere natürlich in der Textverarbeitung. Aufgrund der in der Regel langen Nutzungszeiten muss sie besonderen ergonomischen Anforderungen genügen. Die heute üblichen Tastaturen orientieren sich an einer Schreibmaschine. Dies begünstigt allerdings Zwangshaltungen, Verspannungen im Schulter-Nackenbereich und verdrehte Handgelenke. Hände und Arme werden übermäßig strapaziert. Häufig treten in den Fingern und Unterarmen Schmerzen auf. Zu stark abgewinkelte Hände verengen die Blutbahnen im Handgelenk. Es ist deshalb wichtig, ergonomische Gestaltungsregeln zu berücksichtigen: Die Tastatur soll nicht rutschen und standfest sein. Andernfalls könnte die Konzentration beeinträchtigt und folglich zur Verlängerung der Arbeitszeit führen. Regelmäßige Erholungspausen sowie das Schreiben mit dem Zehn-Finger-System, das die Last auf alle Finger verteilt, reduzieren die Belastungen. Die Tastatur sollte getrennt vom Bildschirm sein. Ein Laptop ist nicht für einen ständigen Bildschirmarbeitsplatz geeignet. Bei ergonomisch gestalteten Tastaturen ist die Neigung des Tastaturfeldes möglichst gering. Es empfiehlt sich ein Neigungswinkel von fünf bis 11 Grad. Außerdem erleichtern verstellbare Neigungen die individuelle Anpassung. Die mittlere Tastenreihe darf nicht mehr als 30 mm über der Tischfläche liegen, sonst droht eine falsche Arbeitshaltung. Vor der Tastatur gibt es eine ausreichende Handauflagefläche mit einer Mindesttiefe von 5 cm, besser 10 cm. Der Buchstabenbereich ist deutlich vom numerischen und dem Sonderfunktionsbereich getrennt. Häufig genutzte Tasten für Eingabe (Return), Rückwärtslöschen und Hochstellen sind etwas größer gestaltet. Eine zusätzliche Handballenauflage vor der Tastatur, stützt die Hände bequem. Alles diese ergonomischen

Gesichtspunkte sind in sogenannten Winkeltastaturen verwirklicht. Dabei zerfällt das Tastenfeld in je einen Block für die linke und rechte Hand. Der Benutzer muss nicht mehr mit zusammen gekauerten Schultern verkrampft vor der Tastatur sitzen, sondern wird veranlasst, sich im Schulter-Nackenbereich zu öffnen. Die Folge ist eine entspannte Arbeitshaltung, die auch durch eine möglichst dichte Anordnung von Tastatur, Arbeitsvorlage und Bildschirm gefördert wird.

Tastenkombinationen

In den Tastenkombinationen haben sich meiner Meinung nach keine Änderungen ergeben, sodass hier nach wie vor mit den bekannten Hotkeys gearbeitet werden kann.

Absatzformatierung

Aktion	Shortcut
Absatz zentrieren	Strg+e
Absatz rechtsbündig ausrichten	Strg+r
Absatz linksbündig ausrichten	Strg+l
Blocksatz	Strg+b
Zeileneinzug vergrößern	Strg+m
Zeileneinzug verringern	Strg+Shift+m (Strg+M)
Hängender Einzug	Strg+t
Hängenden Einzug aufheben	Strg+Shift+t (Strg+T)
Einfacher Zeilenabstand	Strg+1 (eins)
Doppelter Zeilenabstand	Strg+2
1,5-facher Zeilenabstand	Strg+5
Absatzformatierung aufheben	Strg+0 (null)
Absatz anordnen (Zeile auf Satzbreite auseinander ziehen)	Strg+Shift+j (Strg+J)

Zeichenformatierung

Aktion	Shortcut
Text fett darstellen	Strg+Shift+f (Strg+F)
Text kursiv darstellen	Strg+Shift+k (Strg+K)
Text unterstreichen	Strg+Shift+u (Strg+U)
Ein Wort unterstreichen	Strg+Shift+w (Strg+W)
Doppelt unterstreichen	Strg+Shift+d (Strg+D)
Text hochstellen	Strg+Plus

Text tiefstellen	Strg+#
Großbuchstaben	Strg+Shift+g (Strg+G)
Kapitälchen	Strg+Shift+q (Strg+Q)
Schriftart ändern	Strg+d
Wechsel zwischen Groß- und Kleinschreibung	Shift+F3
Schrift 1 pt kleiner	Strg+8
Schrift 1 pt größer	Strg+9

Markierungen

Ein Zeichen nach rechts	Shift+Pfeil rechts
Ein Zeichen nach links	Shift+Pfeil links
Ans Wortende	Shift+Ende
Zum Wortanfang	Shift+Pos1 (Start)
Eine Zeile nach unten	Shift+Pfeil unten
Eine Zeile nach oben	Shift+Pfeil oben
Gesamtes Dokument	Strg+a
Markieren des Dokuments bis zum Ende	Strg+Shift+End
Markieren des Dokuments bis zum Anfang	Strg+Shift+Pos1 (Start)

Verschieben

Cursor ans Zeilenende	Ende
Cursor an den Zeilenanfang	Pos1 (Start)
Cursor ein Wort nach links	Strg+Pfeil links
Cursor ein Wort nach rechts	Strg+Pfeil rechts
Cursor einen Absatz nach oben	Strg+Pfeil oben

Aktion	Shortcut
Cursor einen Absatz nach unten	Strg+Pfeil unten
Grafik/Zeichenobjekt in feinen Abständen nach links	Shift+Pfeil links
Grafik/Zeichenobjekt in feinen Abständen nach rechts	Shift+Pfeil rechts
Grafik/Zeichenobjekt in feinen Abständen nach oben	Shift+Pfeil oben
Grafik/Zeichenobjekt in feinen Abständen nach unten	Shift+Pfeil unten

Sonstige Funktionen

Aktion	Shortcut
Suchfunktion	Strg+f
Suchen und Ersetzen	Strg+h
Makro-Liste aufrufen	Alt+F8
Wiederherstellen oder Wiederholen	F4
In Zwischenablage ausschneiden	Strg+x
In Zwischenablage kopieren	Strg+c
Aus Zwischenablage einfügen	Strg+v
Wiederherstellen	Strg+y
Rückgängig	Strg+z
Speichern	Strg+s
Speichern unter	F12
Drucken	Strg+p
Neues Dokument	Strg+n
Dokument öffnen	Strg+o
Dokument schließen	Strg+w
Fußnote erstellen	Strg+Alt+f
Endnote erstellen	Strg+Alt+e
Umschalten in Seitenansicht/Seitenvorschau	Strg+F2

Aktion	Shortcut
Umschalten in Gliederungsansicht	Strg+Alt+g
Hyperlink einfügen	Strg+k

Zeichenformatierung

Mit Word haben Sie eine Vielzahl von Zeichenformatierungsmöglichkeiten. Diese befinden sich nun im Startmenü. Einen eigenen Menüpunkt „Format“ wie z.B. in Word 2003 gibt es nicht mehr. Damit die Formatierungen wirksam werden müssen Sie den entsprechenden Text vorher markieren.

Sie können selbstverständlich auch das Kontextmenü über die rechte Maustaste (erscheint bei allen Textmarkierungen) mit den entsprechenden Formatierungssymbolen nutzen. Weiterhin gibt es für die verschiedensten Formatierungen nach wie vor eine Reihe von →Tastenkombinationen. Was Sie zur Formatierung nutzen hängt von Ihren persönlichen Neigungen ab.

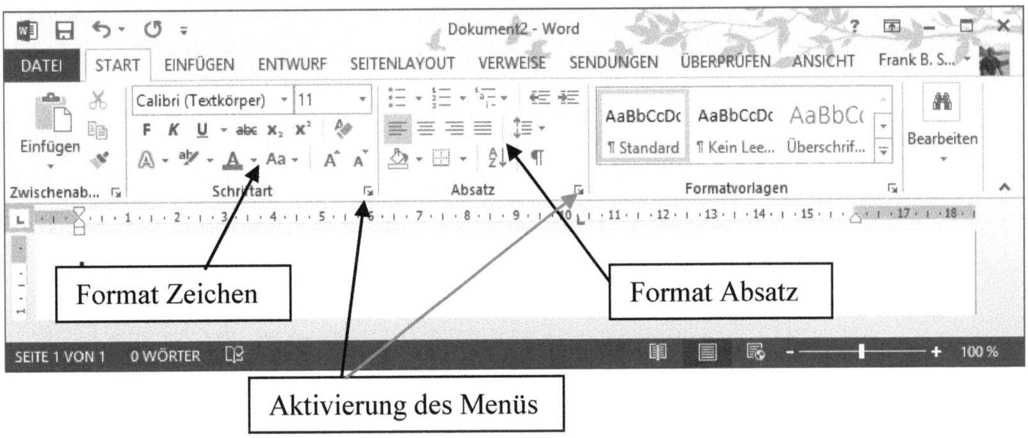

Mit dem kleinen Pfeil in den jeweiligen Befehlsschaltflächen aktivieren Sie die entsprechenden Menüs.

Bestimmung der Zeichenformate

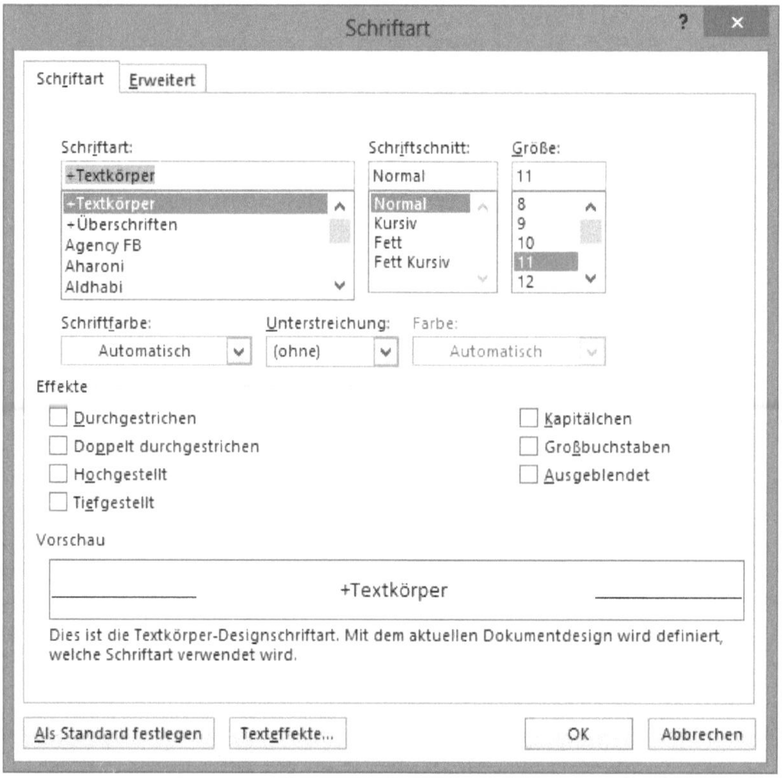

Im Register Schriftart bestimmen Sie Schriftart und Schriftgröße, sowie ob Sie den Text fett, kursiv oder beides anzeigen möchten. Darüber hinaus können Sie hier die Schriftfarbe und Unterstreichungen einrichten. Darüber hinaus sind bestimmte Texteffekte bei Word 2013 bereits vorgegeben und können über entsprechende Markierung der Box aktiviert werden. In der Vorschau sehen Sie immer einen entsprechenden Beispieltext.

Zeichenabstände

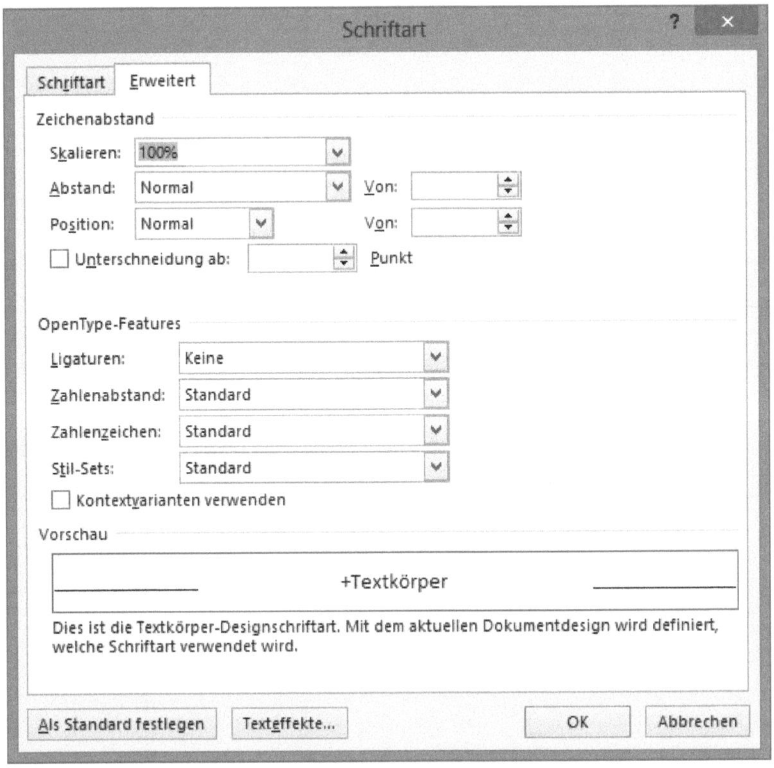

Neben den reinen Schrift-änderungen können Sie im Register „Erweitert" auch die Laufweite der Zeichen verändern. Man spricht hier von „schmalen" oder „gesperrten" Zeichen. Sie verändern dadurch den Abstand zwischen den Zeichen ohne zusätzliche Leerzeichen eingeben zu müssen die z.B. eine Silbentrennung verhindern.

Weiterhin können Sie unter „Position" den Text höher oder tiefer stellen. Das ist z.B. bei mathematischen oder chemischen Formeln notwendig.

Schriftfarbe und Hervorhebungen

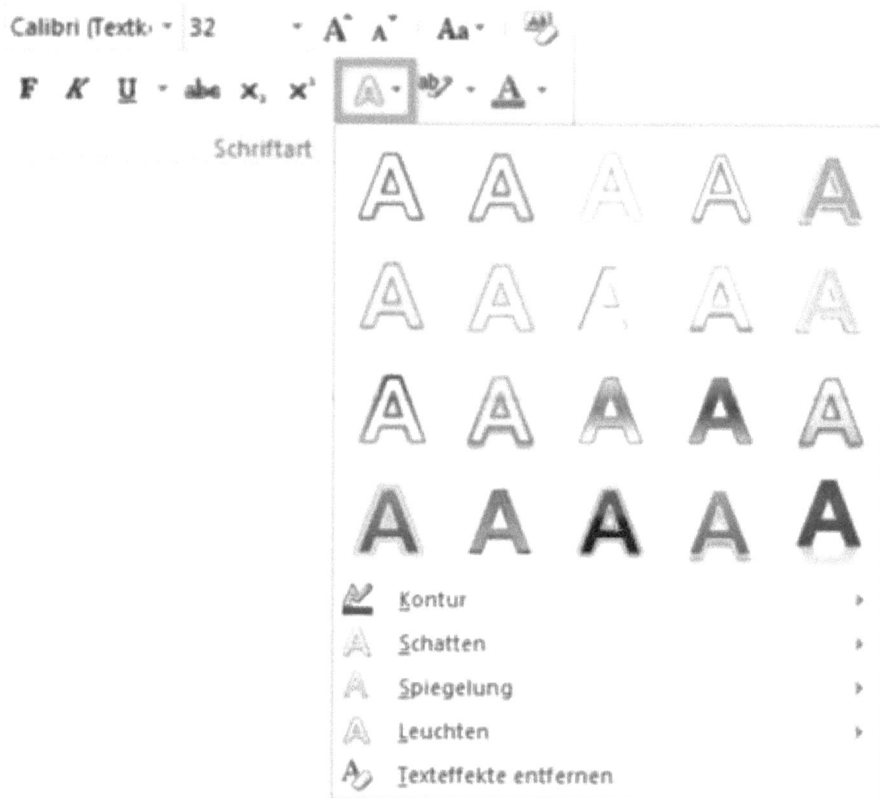

Über die obigen Symbole können Sie die Schriftfarbe (ganz rechts) oder Hervorhebungen (Rahmen) bestimmen. Es öffnen sich bei Anklicken des jeweiligen Dreieckes Untermenüs. Bitte beachten Sie dass die Formatierungen auch deutlich lesbar ausgedruckt werden können. Farben werden im Schwarzweißdruck immer als Grautöne dargestellt.

Format übertragen

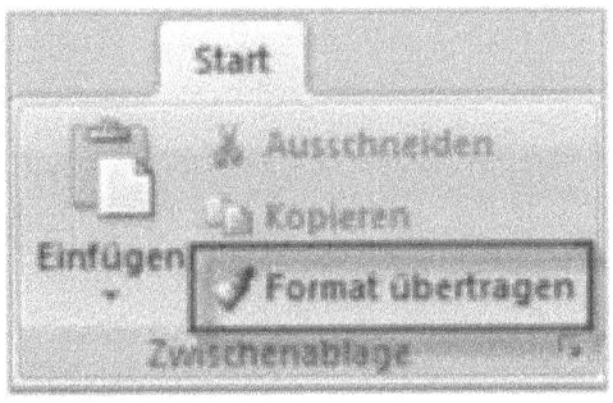

Über den Pinsel können Sie schnell und sicher Zeichenformate auf andere Textteile übertragen. Setzen Sie den Cursor in das Wort, dessen Zeichen Sie übernehmen möchten und klicken Sie auf das Symbol. Der Mauszeiger verwandelt sich nun in einen Pinsel. Ziehen Sie bei gedrückter linker Maustaste über den Text, den Sie anpassen möchten. Wollen Sie mehrere nicht zusammenhängende Passagen verändern klicken

Sie doppelt auf das Pinselsymbol. Zur Beendigung der Funktion drücken Sie die Escape-Taste (Esc). Den Pinsel können Sie bei unterschiedlicher Markierung auch zur Übertragung von Absatz- und Nummerierungsformaten verwenden.

Initiale

Anfangsbuchstaben, Wörter oder Grafiken zu Beginn eines Absatzes lassen sich unter dem Menüpunkt „Einfügen – Initial“ besonders hervorheben. Folgende Vorgehensweise muss beachtet werden:

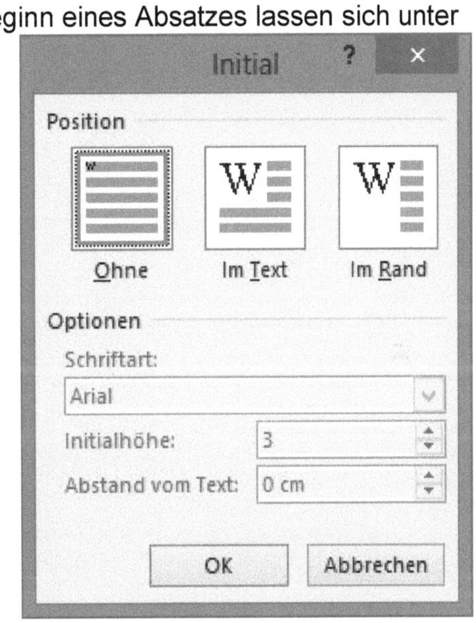

- Markieren des Buchstabens, Wortes oder der Grafik, die Sie hervorheben
  - im Menü „Einfügen – Initial“ die gewünschte Position wählen
  - eventuell in den Optionen noch Änderungen vornehmen
- Initiale nehmen Sie zurück indem Sie markieren und dann im Menüpunkt „Format – Initial“ „ohne“ wählen.

Absatzformatierung

Die Befehlsschaltfläche „Absatz"

Zum Ausrichten von Absätzen können Sie das Menü „Absatz" verwenden. Ein Absatz kann auf vier verschiedene Weisen ausgerichtet werden: Linksbündig, Rechtsbündig, Zentriert und Blocksatz. Außerdem können über das Dialogfeld Einzüge, Zeilenabstände und der Textfluss verändert werden.

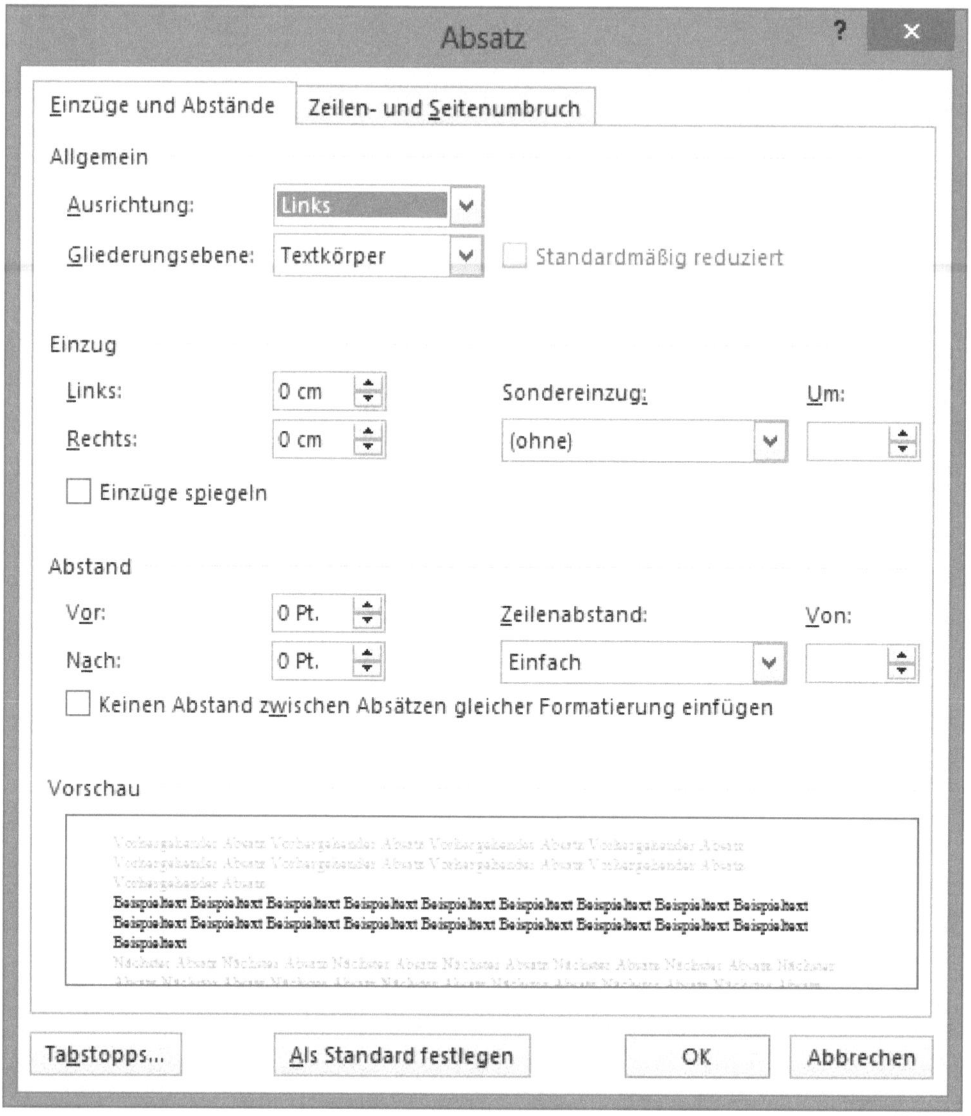

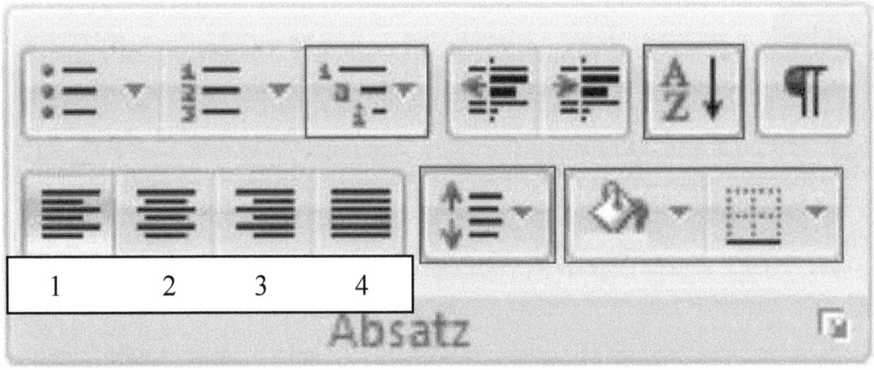

1. Linksbündiger Absatz, linker Einzug und rechter Einzug 2 cm voreingestellt: Alternative Tastenkombination „Strg+L“.
2. Rechtsbündiger Absatz, linker und rechter Einzug 2,5 cm voreingestellt Alternative Tastenkombination „Strg+R“
3. Zentrierter Absatz. Wird vor allem bei Überschriften angewendet. Alternative Tastenkombination „Strg+E“
4. Blocksatz (Zeitungsstil). Linker Einzug 3 cm und rechter Einzug 2 cm voreingestellt.
   Alternative Tastenkombination „Strg+B“.

Über das obige Dialogfeld können Sie selbstverständlich genauso die Einstellungen vornehmen. Zusätzlich können Sie die Absatzformatierungen millimetergenau einstellen. Außer linken und rechten Einzügen sowie Ausrichtungen sind besondere Einzugsarten, die Einstellung des Zeilenabstands und die Bestimmung von Zeilenabständen vor und/oder nach jedem Absatz möglich.

Formatierung über das Lineal

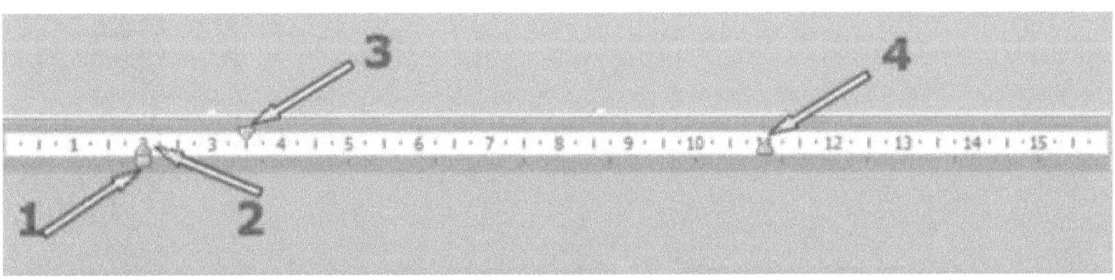

1. Über das untere Dreieckssymbol können Sie den „hängenden Einzug“ für einen oder mehrere markierte Absätze festlegen. Alle Zeilen außer der ersten Zeile werden eingezogen.
2. Selbstverständlich kann der linke Einzug auch komplett eingestellt werden Sie müssen dazu aber den „Erstzeileneinzug (3)“ identisch zum „hängenden Einzug“ einstellen.
3. Mit dem „Erstzeileneinzug“ bestimmen Sie den Einzug nur für die erste Zeile. Es werden keine weiteren Zeilen eingezogen
4. Über das rechte Dreieckssymbol bestimmen Sie den rechten Einzug und damit praktisch die Absatzbreite.

Kontrolle des Textflusses

Das Problem von unerwünschten Seitenumbrüchen lässt sich mit Hilfe des Registers „Zeilen- und Seitenumbruch“ im Menü „Absatz“ lösen. Beispielsweise erscheint die Überschrift eines Absatzes auf der vorhergehenden und der zugehörige Text erst auf der nächsten Seite. Markieren Sie zunächst die entsprechenden Absätze und aktivieren Sie das Register Textfluss.

Die Kontrollfelder haben folgende Bedeutung:

Absatzkontrolle	Mindestens zwei Zeilen müssen am Seitenende oder am Seitenanfang stehen. Standard!
Nicht vom nächsten Absatz trennen	Verhindert Seitenwechsel zwischen aktuellem und nächstem Absatz
Absatz zusammenhalten	Verhindert Seitenwechsel innerhalb eines Absatzes
Seitenumbruch oberhalb	Vor dem Absatz wird ein erzwungener Seitenwechsel eingefügt.

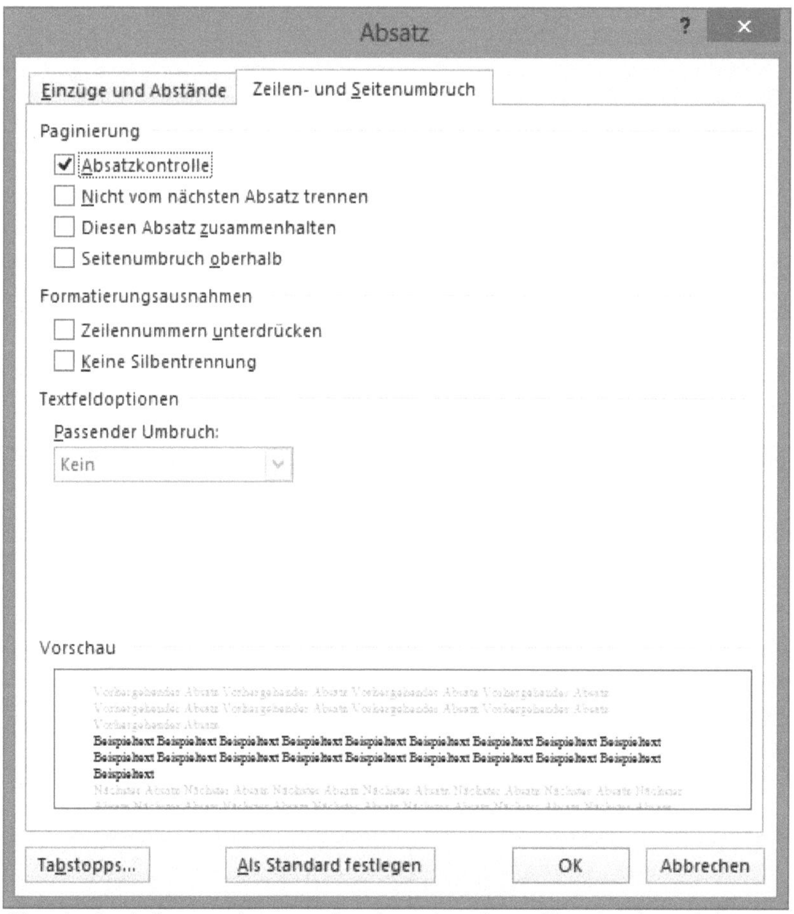

Über die Kontrollkästchen „Zeilennummern unterdrücken“ und „Keine Silbentrennung“ können Sie die jeweilige Funktion für die markierten Absätze ausschalten.

Sämtliche Absatzeinstellungen können für den einzelnen Absatz eingerichtet werden in dem der Cursor positioniert ist. Wenn Sie die gewünschten Absätze entsprechend markieren können selbstverständlich auch die Einstellungen für diese komplett eingerichtet werden.

Absatzformatierungen werden mit der Tastenkombination „Strg+Q“ wieder auf die Standeinstellung zurückgesetzt.

Aufzählungen und Nummerierungen

Allgemein

Mit Word lassen sich aufeinander folgende Absätze mit Aufzählungszeichen oder Nummerierungen versehen. Klicken Sie vor der Erstellung des Textes in der Symbolleiste Format auf die Symbole Aufzählung bzw. Nummerierung.
Anschließend wird an jedem neuen Absatzbeginn automatisch ein Aufzählungs- bzw. Nummerierungszeichen eingefügt. Existiert der Text bereits, markieren Sie die entsprechenden Abschnitte und klicken dann auf die Symbole.

Über die Befehlsschaltfläche „Aufzählungszeichen" können diverse Variationen gewählt werden.

Aufzählungszeichen

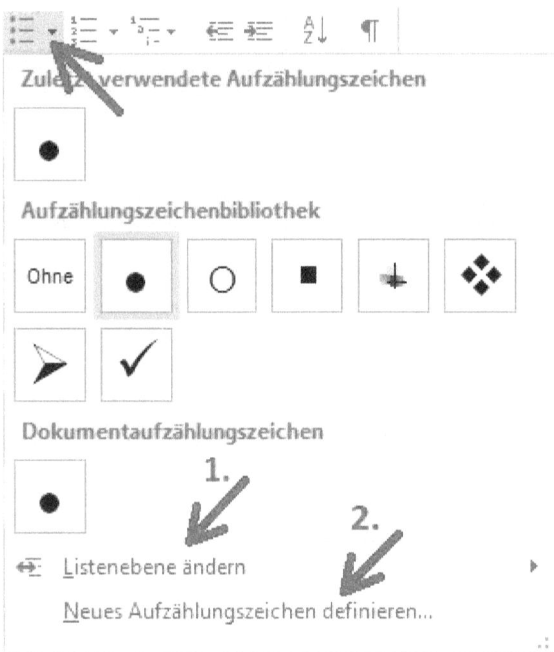

Wählen Sie das gewünschte Zeichen aus. Ist es nicht unter den gewünschten wählen Sie zunächst ein beliebiges und betätigen die Schaltfläche „Neues Aufzählungszeichen definieren.". Über das Feld „Listenebene ändern" können Sie dann die Einzüge der Zeichen, die Textposition sowie Art und Größe der Zeichen verändert werden.

Nummerierungen

Im Register „Nummerierung" entscheiden Sie ob Sie eine „Liste fortführen" oder „Neu nummerieren" möchten.

Über das Feld „Listenebene ändern" können Sie die Art der Nummerierung (z.B. mit bestimmtem Text), die Formatvorlage, die Position der Nummer sowie den Beginn der Nummerierung und die Textposition ändern. Als Zahlenformat ist 1, I, i, A, a usw. wählbar. Die Nummernposition kann links rechts oder zentriert sein.

Gliederung

Der Ausdruck „Überschriften nummerieren“ suggeriert zwar die Verwendung einer Nummerierung. Um Überschriften hierarchisch zu strukturieren, muss man aber zwingend mit der Gliederungsoption arbeiten.

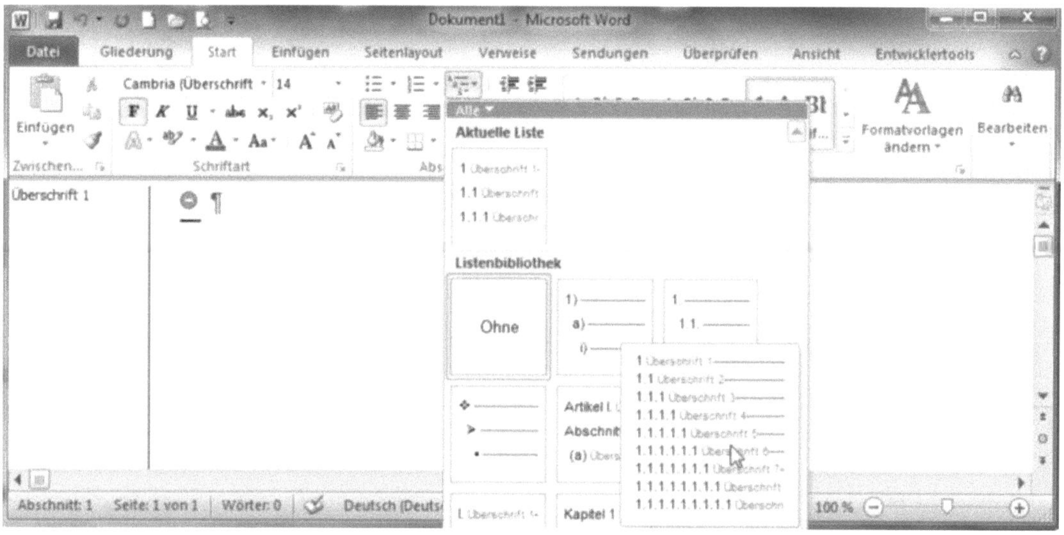

Gliederungen sind Nummerierungen die mehrere Ebenen einbeziehen. Um eine Gliederung zu erstellen rufen Sie, analog zur Aufzählung, „Liste mit mehreren Ebenen“ auf. Wählen Sie eines der Formatbeispiele aus und bestätigen mit OK.
Gliederungen können ebenfalls angepasst werden. So können Sie die Formatvorlagen jeweils einer Ebene zuweisen.
Sie können auch jederzeit neue Listen oder Listentypen als Formatvorlagen definieren.

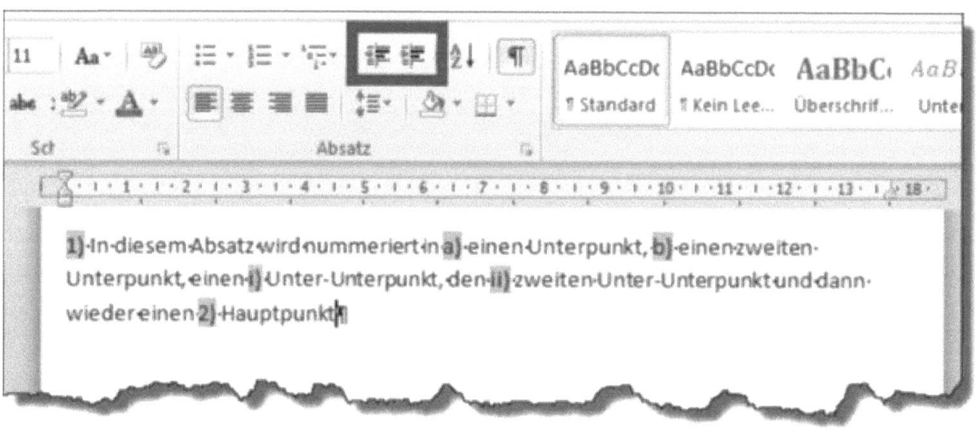

Das Symbol „Einzug vergrößern“ setzt den Listenpunkt jeweils eine Stufe tiefer. Das Symbol „Einzug verkleinern“ stuft den Listenpunkt wieder höher.

1. Zuerst ist festzulegen welche Art der Gliederung vorgenommen werden soll.
    1.1. Anschließend muss der Text eingegeben werden.
2. Jeder Gliederungsunterprunkt kann tiefer oder höher gestuft werden.
    2.1. Auf diese Weise lassen sich leicht Listen und Aufstellungen erreichen, die genau gegliedert sind.
    2.2. Der danach folgende Text befindet sich dann auf der gleichen Ebene wie der vorhergehende.
3. Will man eine Ebene zurück muss das Symbol „Einzug verkleinern“ gedrückt werden.

Rahmen, Linien und Schattierungen

Sie können mit Word für folgende Elemente „Rahmen“ und/oder „Schattierungen“ aktivieren:

Textteile (Wörter, Markierungen)
Absätze
Seitenränder

Sie können einen Absatz wie diesen Block der Spalte umrahmen
Oder einzelne Wörter umrahmen und zusätzlich mit einer Schattierung hinterlegen
Oder beides kombinieren, d.h. Absatz, Text umrahmen und schattieren.

Um Rahmen und Linien zu erzeugen haben Sie entweder die Möglichkeit die Symbolleiste zu benutzen oder den Menüpunkt „Rahmen-Schattierung“ mit dem kleinen Dreieck daneben zu wählen.

Symbolleiste

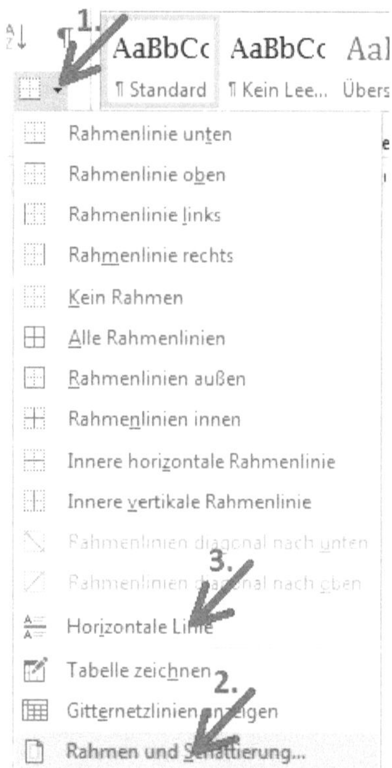

Markieren Sie den Absatz oder Text den Sie umrahmen möchte und wählen Sie dann in der Symbolleiste die Linienart, -stärke, -farbe, Rahmenart und evtl. die Farbe der Schattierung.

Menüpunkt Rahmen und Schattierung

Über das Symbol „Rahmen und Schattierung“ sind Rahmen für Absätze, Text, gesamt Seiten sowie entsprechende Schattierungen auswählbar. Dafür stehen drei Register zur Auswahl. Je nach Markierung – Absatze oder Text – stehen verschiedene Rahmenarten mit unterschiedlichen Linienarten, -farben und –stärken zur Verfügung. Im Vorschaufeld können zusätzlich einzelne Linien entfernt oder verändert werden.

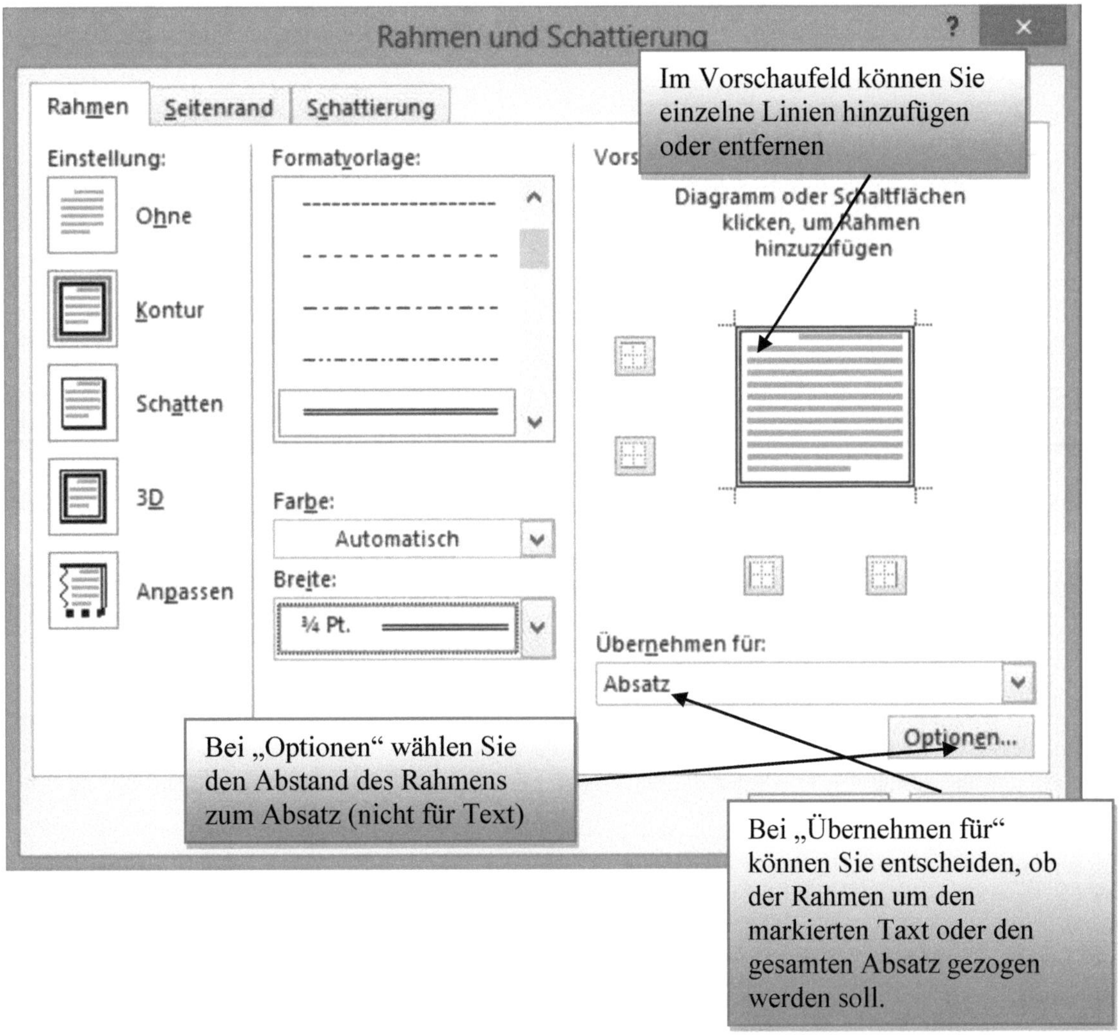

Über das Register „Seitenrand" können Sie für eine gesamte Seite oder über mehrere Seiten Rahmen festlegen. Diese bestehen nicht nur rein aus Linien sondern es stehen auch vorgegebene Effekte zur Verfügung. Die Effekte können noch farblich und in der Stärke verändert werden.

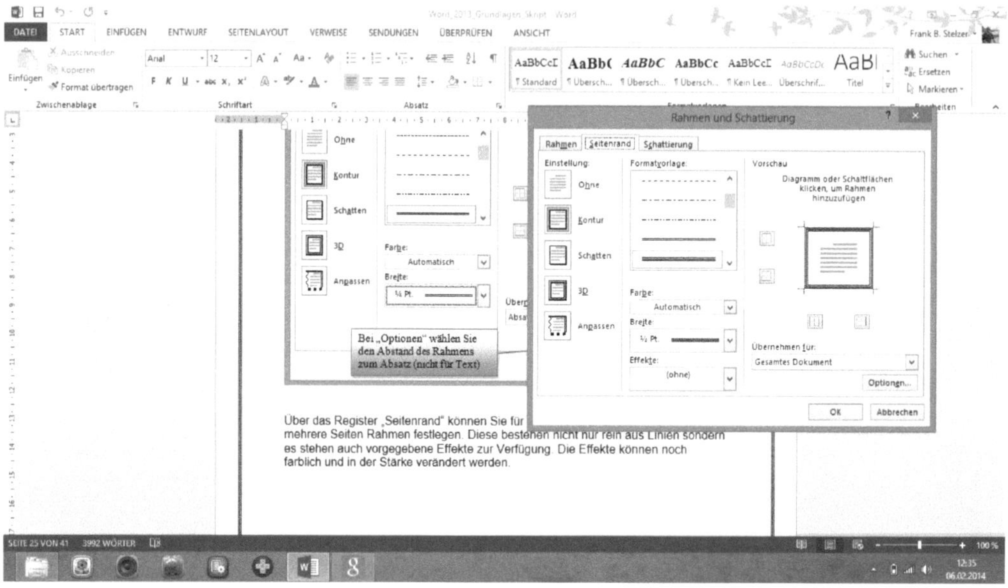

Im dritten Register „Schattierung“ wählen Sie zusätzlich Farben und Muster für markierte Bereiche aus. Außer der Füllung von Absatz oder Text können noch Muster bzw. Linienart bestimmt werden. Für das Muster ist dann noch eine separate Farbauswahl möglich.

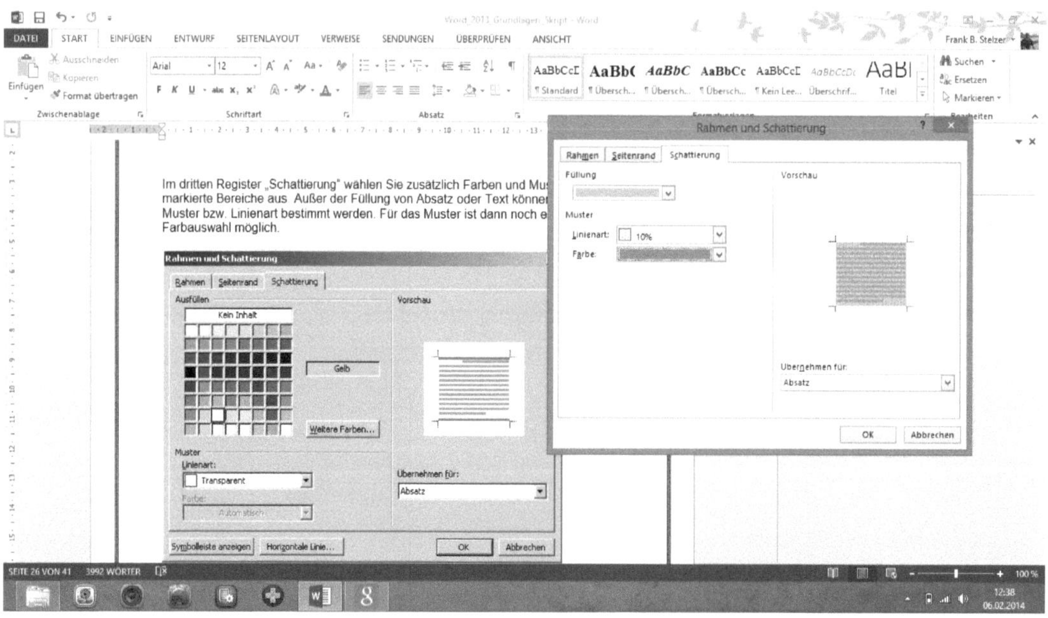

Formatvorlagen erstellen, anwenden und verändern

Mit Hilfe von Formatvorlagen können gleichbleibende Formate für Überschriften, Absätze und Aufzählungen festgelegt und gespeichert werden.

Damit ist es möglich in unterschiedlichen Dokumenten oder Dokumentvorlagen einheitliche Formatierungen zu schaffen. Individuelle Formatvorlagen werden mit der entsprechenden Dokumentenvorlage gespeichert. Word 2013 stellt eine Menge an Formatvorlagen bereits fertig im Start-Reiter zur Verfügung.

Zuweisung mit der Symbolleiste

Sie finden in der Formatsymbolleiste von Microsoft Word eine Reihe vordefinierter Formatvorlagen mit Bezug auf unterschiedliche Überschriftsebenen, Kopf- und Fußzeilen und natürlich das Standardformat. Per Pull-Down-Menülässt sich die Formatvorlage einfach auf einen Absatz oder eine entsprechende Markierung anwenden.

Menüpunkt Formatvorlagen

Von einem professionell gestalteten, umfangreichen Dokument wird eine einheitliche Formatierung erwartet. Das heißt, alle Überschriften, Absätze, Aufzählungen usw. sollen jeweils in der gleichen Weise gestaltet werden. Zur Formatierung wird der geschriebene Absatz (oder das Wort) markiert und im Register „START" die entsprechende Formatierung per Mausklick gesetzt. Diese Formatierung soll grundsätzlich so einfach wie möglich gehalten werden. Bei einem kurzen, von Hand geschriebenen Schriftstück ist das natürlich eine einfache Sache. Aber auch bei umfangreichen Texten sollte keiner die Übersicht verlieren, sobald er sich an den Umgang mit den Formatvorlagen gewöhnt hat. Diese stehen dem Anwender im Register „START" in der Gruppe „Formatvorlagen" zur Verfügung. Erweitert man nun diese Gruppe ( ) öffnet sich das Auswahlfeld „Formatvorlagen". Klickt man dann in ihm auf „Optionen..." und stellt im darauf folgenden Dialogfeld „Optionen für Formatvorlagenbereich" „Alle Formatvorlagen" ein, so stehen mehr als 100 anwendbare Formatierungen zur Verfügung.
Es ist jedoch ratsam die empfohlenen Formate zu benutzen. Diese sind in ihrem Umfang für jeden beherrschbar.

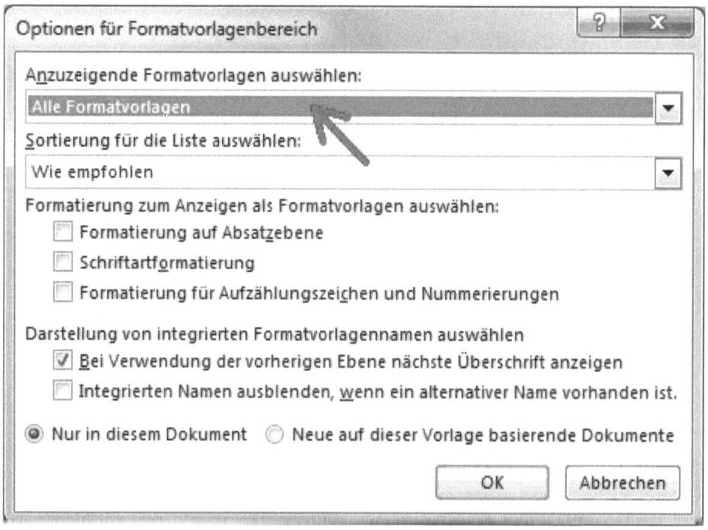

Man kann drei Kategorien von Formatvorlagen unterscheiden
- „Alle Formatvorlagen“: alle im Dokument verfügbaren Vorlagen
- „Benutzte Formatvorlagen“: vordefinierte Formatvorlagen, die geändert oder angewandt wurden sowie alle im aktiven Dokument selbst erstellen Vorlagen (Favoriten)
- „Benutzerdefinierte Format-vorlagen“ nur die im aktiven Dokument erstellen Vorlagen

Über einen Rechtsklick auf die Formatvorlage gelangt man zu der Schaltfläche „Ändern...“. Wird sie betätigt, erhält man das Dialogfeld „Formatvorlage ändern“.

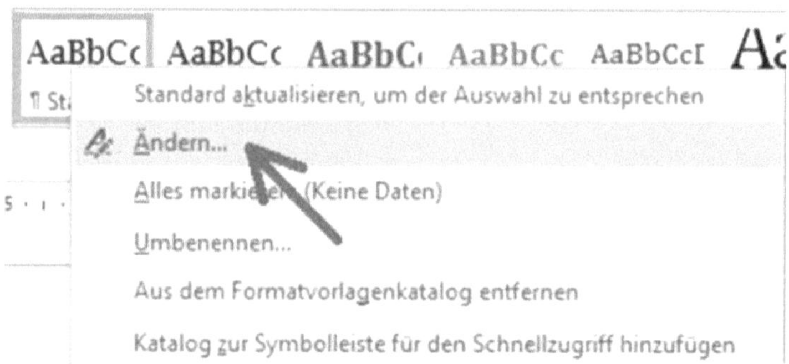

Hier nimmt man nun alle Einstellungen vor. Nutzen Sie dazu insbesondere auch den Button „Format“ unten links im Feld. Vergessen Sie auch nicht festzulegen, ob ihre Formatvorlage nur für dieses Dokument oder für alle Weiteren gelten soll. Setzen Sie dazu den entsprechenden Punkt.

Um eine neue Formatvorlage zu erstellen, öffnet man im Register „START“ > Gruppe „Formatvorlagen“ den Katalog und klickt auf den Eintrag „Formatvorlage erstellen“. Danach legt man den Namen der Vorlage fest und übernimmt sie mittels „OK“ in den Katalog. Nun wird die Vorlage in der oben beschriebenen Weise über die Schaltfläche „Ändern...“ gestaltet.

Spalten

Allgemeines

Manchmal ist es notwendig, Texte in Spalten zu setzen. In Word gibt es eine nützliche Funktion, mit der Sie Texte ganz einfach in Spalten setzen können.
Sie müssen dabei angeben, ob ein Textbereich, der gesamte Text oder ein Abschnitt in Spalten gesetzt werden soll.

- Wenn Sie nur einen Textbereich in Spalten setzen wollen, markieren Sie den Text.

- Wenn Sie das gesamte Dokument in Spalten setzen wollen, reicht es wenn der Cursor im Text positioniert ist. Wenn Sie das Dokument in Abschnitte unterteilt haben und das gesamte Dokument in Spalten setzen wollen, müssen Sie alles markieren (Tastenkürzel STRG + A).

- Abschnitte setzt man in Spalten, wenn der Cursor im betreffenden Absatz steht.

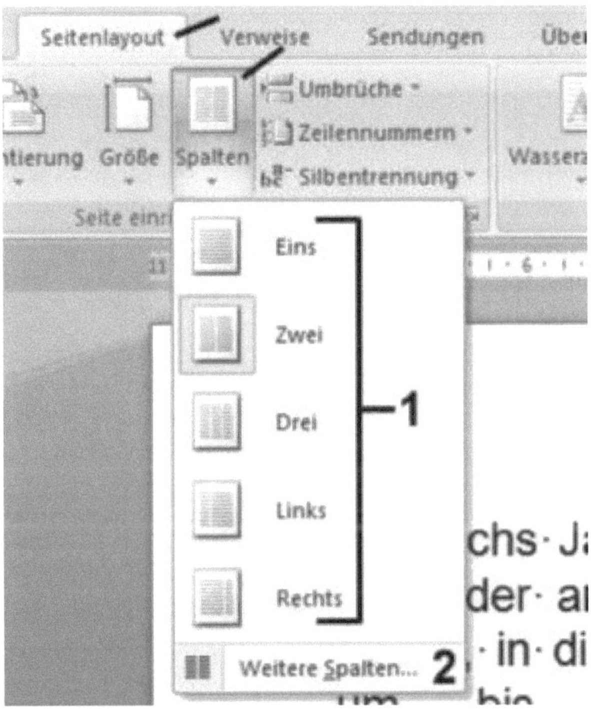

Nachdem Sie durch markieren oder Setzen des Cursors angegeben haben, was in Spalten gesetzt werden soll, rufen Sie die Funktion im Spalten im Register Seitenlayout unter der Gruppe Seite einrichten auf.
Es öffnet sich eine Auswahl (1) in der Sie angeben können, wie die Spalten aussehen sollen. Entweder zweispaltig oder dreispaltig (Zwei oder Drei). Der Text wird daraufhin in Spalten gesetzt. Die Spaltenbreite ist gleichmäßig.

Wenn Sie einen Text der bereits in Spalten gesetzt wurde, wieder einspaltig haben wollen, klicken Sie auf Eins.

Sie können auch ungleichmäßige Spalten erzeugen, indem Sie Links oder Rechts wählen. Dann wird eine Spalte (entweder rechts oder links) nicht so breit wie die andere Spalte.

Unter Weitere Spalten (2) haben Sie noch mehr Optionen um Ihr Text mit Spalten zu gestalten. Das Dialogfenster Spalten wird geöffnet. Dort können Sie individuelle Angaben für Spalten angeben.

Individuelle Spalten über das Lineal oder Dialogfenster Spalten.

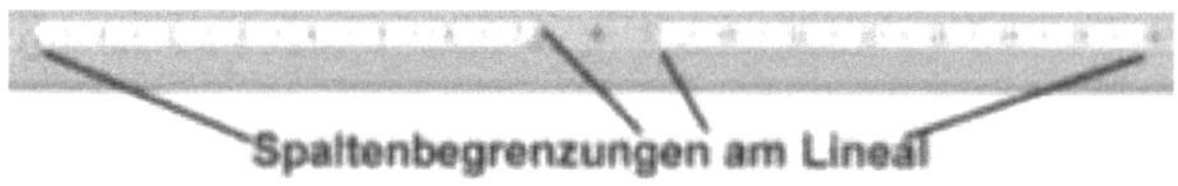

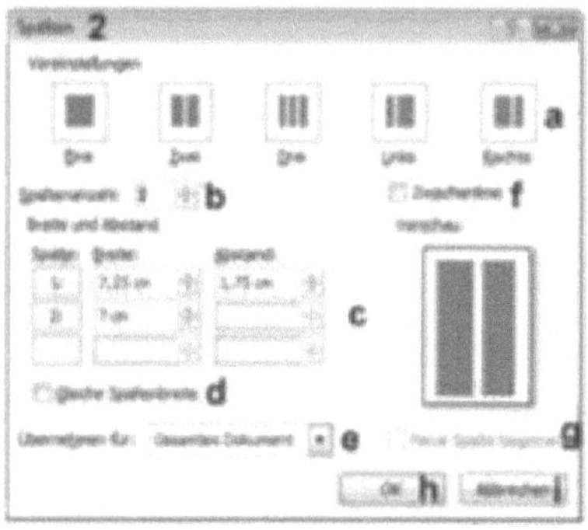

Sie können die Spaltenbreite auch nachträglich ändern. Die einfachste und schnellste Möglichkeit geht mit der Maus.

Wenn Sie Text in Spalten setzen, sehen Sie am Lineal die Begrenzungen der jeweiligen Spalten. Diese können Sie mit der Maus auf hin- und herschieben und so die Breite der einzelnen Spalten bis auf 25 mm festlegen. Verschieben Sie dazu bitte nicht die Einzüge. Das ist manchmal schwierig weil die Einzüge zum Teil direkt an der Begrenzung sind.

Die andere Möglichkeit Spalten individueller zu gestalten ist das Dialogfenster Spalten. Hier können Sie entweder die Voreinstellung (a) nutzen oder über Spaltenzahl (b) selbst eingeben.
Für jede Spalte (c) können Sie die Breite sowie den Abstand rechts millimetergenau angeben. Sie können auch Gleiche Spaltenbreite (d) angeben. Word errechnet dann automatisch die Breite. Entweder Sie übernehmen (e) die Spalteneinstellung für das gesamte Dokument, für den markierten Abschnitt oder für das Dokument ab Cursorposition. Sie können auch eine ganz neue Spalte (g) beginnen. Eine Zwischenlinie (f) trennt einzelne Spalten mit einer durchgezogenen Linie.
Zum Schluss Eingaben übernehmen (h). Sie können auch jederzeit abbrechen (i).

Tabstopps – Tabulatoren

Tabulatoren sind fest einstellbare Positionen innerhalb einer Zeile. Mit deren Hilfe ist es relativ leicht Aufzählungen von Werten wie z.B. Stücklisten zu erstellen. Durch Betätigen der Tab-Taste wird die nächste Position mit dem Cursor angesprungen. Die Tabstopps lassen sich wie jedes andere Zeichen löschen.

Tabstopps lassen sich für einzelnen Zeilen, aber auch Absätze und markierte Textbereiche einrichten. Die Position der Tabstopps ist auch im Nachhinein veränderbar.

Ohne selbst eingerichtet Tabstopps sind Standardtabstopps mit einem Abstand von 1,25 cm eingerichtet. Über den Menüpunkt „Format-Tabulator“ lassen sich diese mit dem Eingabefeld „Standard-Tabstopps“ ändern:

Individuelle Tabstopps lassen sich vor oder nach der Eingabe von Text einrichten, im Nachhinein jeweils für die vorher markierten Absätze. Die Standardtabstopps links von den individuellen werden gelöscht. Individuelle Tabstopps lassen sich einzeln setzen, ausrichten, verschieben und löschen.

Man kann folgende Ausrichtungen von Tabstopps unterscheiden:

Linksbündig 123456,78

Rechtsbündig 123456,78

Dezimal 123456,78

Zentriert 123456,78

Tabstopps lassen sich über das horizontale Lineal mit der Maus setzen. Dabei ist vorher am Lineal die Ausrichtung zu wählen. Auf dem Lineal sind Tabulatoren mit einer Genauigkeit von 0,25 cm setzbar. Dazu klicken Sie mit der linken Maustaste an der gewünschten Position. Verschieben kann man Tabulatoren durch klicken und ziehen. Indem man sie nach unten aus dem Lineal zieht kann man Tabulatoren löschen. Zum freien Verschieben halten Sie die Alt-Taste gedrückt. Sie sehen dann im Lineal die ausgewählten Positionen direkt.

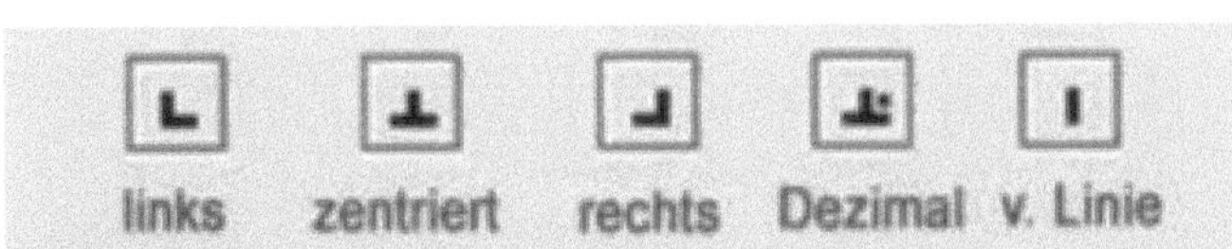

Tabstopp-Lineal (Ausrichtung)

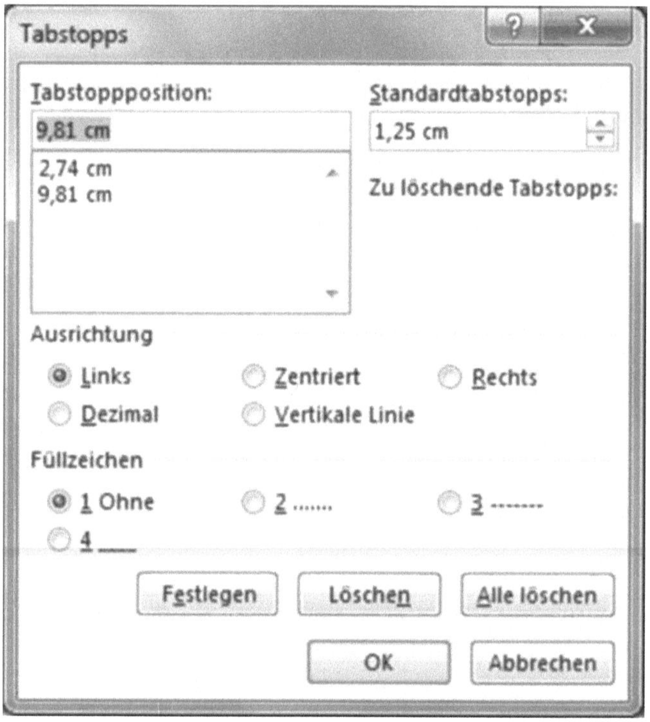

Die oben beschriebene Art der Positionierung ist sehr einfach, aber wegen der bereits erwähnten Rasterung nicht immer zu gebrauchen. Es gibt daher noch die Möglichkeit die Positionen direkt in ein Fenster einzugeben. In dieses gelangt man, wenn man auf der Registerkarte „START“, die Gruppe „Absatz“ erweitert und auf der so erhaltenen Dialogfläche „Absatz“ den Button „Tabstopps…“ betätigt. In dem nun erhaltenen Dialogfeld „Tabstopps“ schreiben Sie zuerst das Maß für die Tabstoppposition ein, markieren seine gewünschte Ausrichtung und betätigen dann den Button „Festlegen“. Sollen Füllzeichen Verwendung finden, so wird einen Punkt in das entsprechende Auswahlfeld gesetzt. Anstelle der Füllzeichen sollten, nebenbei bemerkt, keineswegs einfach ein paar Satzpunkte Verwendung finden. Wenn die verfasste Datei später mit einem anderen Programm weiterverarbeitet wird, kann der Text dabei richtig verunstaltet werden.

Tipp:
Bei gedrückter Alt-Taste können Sie mit der Maus über einen vertikalen Block ziehen und dann die Markierung wie gewohnt ändern oder weiter bearbeiten.

Tabellen erstellen und bearbeiten

Um Tabellen zu erstellen können Sie zwei Methoden verwenden:

- Tabellen mit vorgegebener Höhe und Breite
- Individuelle Tabellen zeichnen.

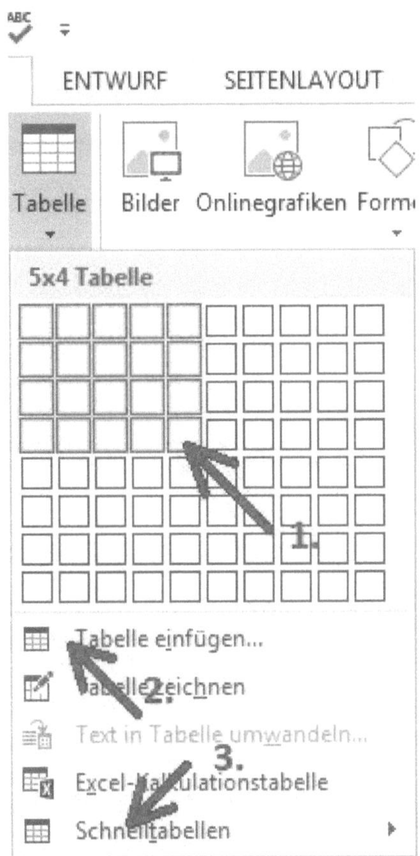

Tabellen vorgegebener Zeilenhöhe und Spalte erzeugen

- Cursor an die gewünschte Position im Dokument setzen.
- Klicken Sie auf das Symbol und halten Sie die Maustaste gedrückt.
- Ziehen Sie nun die Maus über das Gitternetz bis die gewünschte Anzahl von Zeilen und Spalten erscheint.
- Lassen Sie die Maus los.

Die Tabellentools

Mit dem Einfügen einer Tabelle, und grundsätzlich auch immer dann, wenn man auf eine Tabelle klickt, werden dem Menüband zwei weitere Registerkarten hinzugefügt.

Das sind

- TABELLENTOOLS / ENTWURF und
- TABELLENTOOLS / LAYOUT.

Im Register „TABELLENTOOLS / ENTWURF“ oder “DESIGN“ wird die Tabelle optisch gestaltet. Dem Anwender stehen viele Formatvorlagen, Rahmen und Schattierungen sowie Linienstärken zur Verfügung.

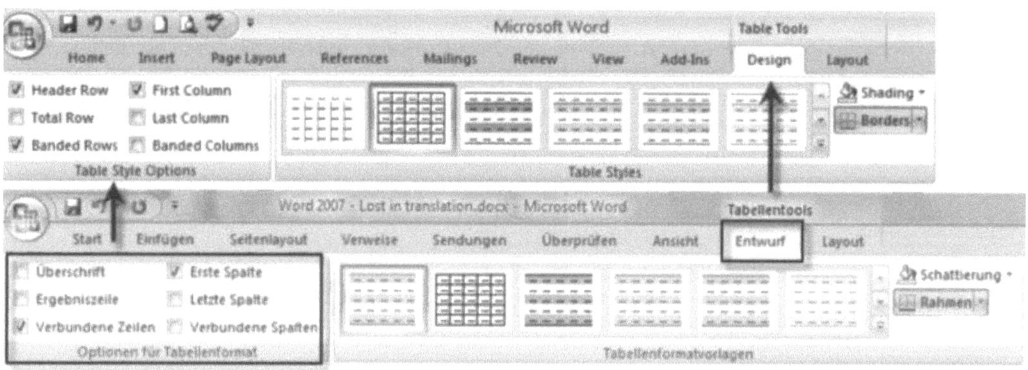

Mithilfe des Registers „TABELLENTOOLS / LAYOUT“ wird die Tabelle gewissermaßen technisch angepasst. Es können weitere Zeilen und Spalten eingefügt oder die Textausrichtung in den Zellen bzw. ihre genaue Größe festgelegt werden. Zu verändernde Zellen, Spalten oder Bereiche müssen natürlich vorher markiert werden.

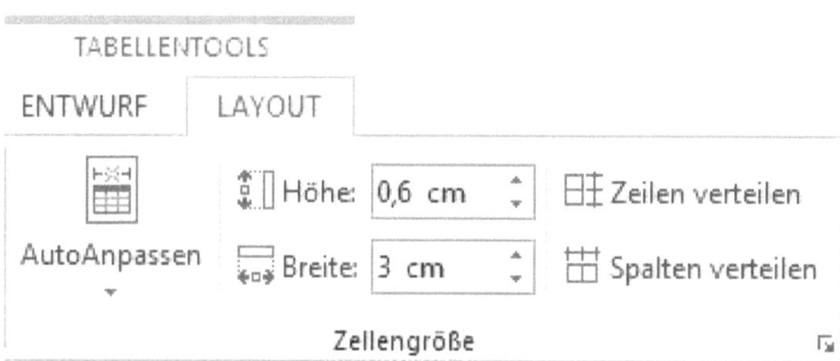

Die Lage der Tabelle sowie den Textumbruch festlegen.

Betätigt man auf der Registerkarte „TABELLENTOOLS / LAYOUT“ die Schaltfläche „Eigenschaften“ (Gruppe „Tabelle“), so erhält man das Dialogfeld „Tabelleneigenschaften“. Sofern es die Tabellengröße hergibt, kann man im Bereich „Ausrichtung“ sowie im Bereich „Textumbruch“ die Lage der Tabelle im Text festlegen.

Individuelle Tabellen zeichnen

Über „Tabelle – Tabelle Zeichnen“ öffnen Sie die Symbolleiste Tabelle und Rahmen. Mit dem Zeichenstift können Sie nun einen Rahmen aufziehen. Wollen Sie diesen in Zeilen und Spalten unterteilen ziehen Sie waagerechte und senkrechte Linien an den entsprechenden Stellen.

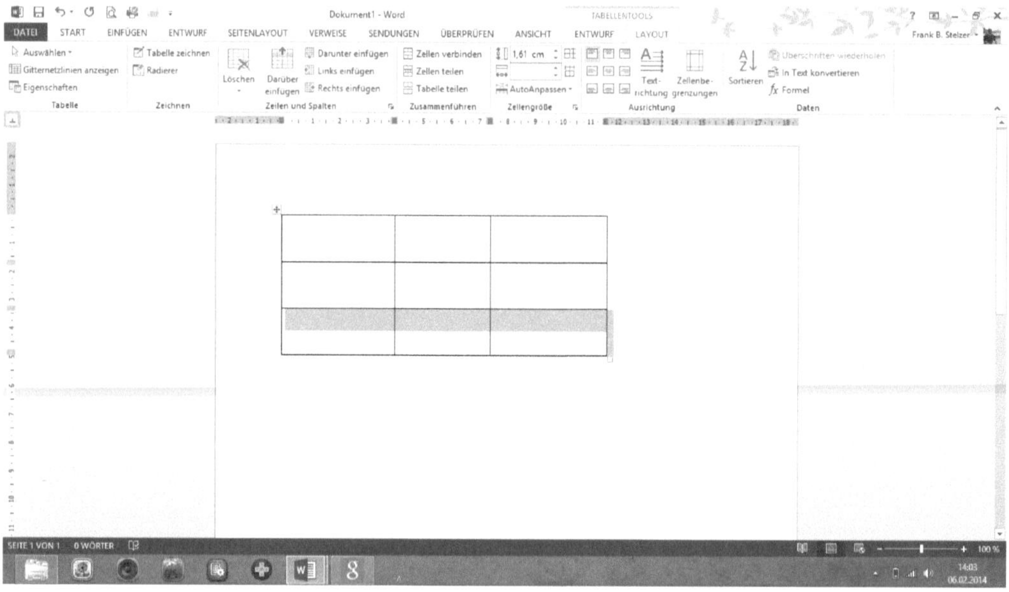

Markieren von Tabellenteilen

Bei einer Tabelle können Sie verschiedene Teile markieren.

- Zelle: Klicken Sie an der linken Rahmenlinie (Mauszeiger bekommt Pfeilform)
- Zeile: Klicken Sie außerhalb der Tabelle neben die Zeile oder Menü „Tabelle-Zeile markieren“
- Spalte: Klicken Sie auf die obere Rahmenlinie des obersten Feldes (Mauszeiger als schwarzer Pfeil) oder Menü „Tabelle-Spalte markieren“
- Ganze Tabelle: Maus vom linken Rand bis Ende ziehen oder Menü „Tabelle – Tabelle markieren“.
- Sie können eine Tabelle bzw. Teile davon auch über den Menüeintrag „Tabelle markieren“ bearbeiten.

Ändern von Zeilenhöhe und Spaltenbreite

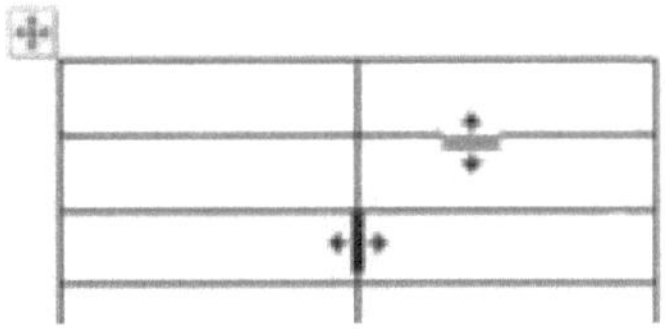

Zeigen Sie auf die Gitternetzline die Sie verändern möchten. Der Mauszeiger sieht jetzt so aus wie nebenan gezeigt. Ziehen Sie die Linie wie gewünscht. Die Zeilenhöhe kann jeweils nur für die gesamte Zeile geändert werden. Die Spaltenbreite ist für jede Zelle veränderbar, aber nur wenn Sie auch nur eine Zelle markiert haben.

Sehr bequem können Sie die Spaltenbreite oder Zeilenhöhe auch über das horizontale oder das vertikale Lineal ändern.

Löschen und Einfügen von Zellen, Zeilen und Spalten

Zum Löschen von Zeilen und Spalten markieren Sie sie entsprechend und rufen das in den Tabellentools „Zeile löschen" bzw. „Spalte löschen" auf. Bei einzelnen Zellen müssen Sie im aufgehenden Dialogfeld entscheiden, wie die angrenzenden Zellen verschoben werden sollen.

Mit der Entf-Taste oder der Rücklöschtaste können nur Feldinhalte aber keine Zellen gelöscht werden.

Tabellen formatieren

Linien verändern

Einzelne Linien verändern

- Öffnen Sie die Registerkarte *Tabellentools/Entwurf*. Falls diese plötzlich verschwunden ist, klicken Sie Ihre Word Tabelle einfach an, indem Sie den Cursor an eine beliebige Stelle in Ihrer Word Tabelle setzen.

- In der dritten Gruppe *Rahmenlinien zeichnen*
auf der Registerkarte *Tabellentools/Entwurf*
finden Sie drei Schaltflächen, die für Sie von Interesse sind:

    1. ***Stiftart:*** Hier wählen Sie die Art der Linie - ob gestrichelt, gepunktet, durchgängig – die Sie statt der Standardlinie einsetzen möchten.
    2. ***Stiftstärke:*** Jetzt können Sie entscheiden, wie dick oder dünn Sie die Linie hervorheben möchten.
    3. ***Stiftfarbe:*** Auch farbliche Akzente können Sie mit Ihren Linien setzen. Wählen Sie einfach die entsprechende Farbe aus.

- **Hinweis:** Sie müssen diese unterschiedlichen Variationen nicht nacheinander ändern, sondern können gleich zu Beginn auswählen, wie die Linie aussehen soll. Klicken Sie einfach nacheinander Ihre gewünschte Einstellung an. Diese können Sie dann auch bereits auf der Registerkarte nachverfolgen. Denn Word 2010 zeigt beispielsweise bei der *Stiftart* sofort Ihre gewählte Linie an.
- Bewegen Sie nun Ihren Mauszeiger zur Tabelle. Sie stellen fest: Der Pfeil hat sich in einen Stift verwandelt.
- Klicken Sie nun mit diesem Stift die Linien an, die Sie in der von Ihnen gewünschten Art formatieren wollen.
- Sobald Sie fertig sind, klicken Sie auf die Schaltfläche *Tabelle zeichnen*, die gelb unterlegt ist. Dadurch wird der Zeichenmodus beendet.

Alle Linien in der Tabelle verändern:

- Setzen Sie Ihren Mauszeiger an eine beliebige Stelle in Ihrer Word Tabelle.
- Klicken Sie in der Registerkarte *Tabellentools/Layout* in der ersten Gruppe *Tabelle* auf die Schaltfläche *Auswählen*.
- Im Dialogfenster klicken Sie auf den Befehl *Tabelle auswählen*. Sofort wird Ihre gesamte Tabelle markiert – und blau hinterlegt.
- Wechseln Sie nun auf die Registerkarte *Tabellentools/Entwurf*.

Wählen Sie in der dritten Gruppe *Rahmenlinien zeichnen* die Formatierung für Ihre Linien aus, die Sie sich wünschen – also *Stiftart, Stiftstärke* und *Stiftfarbe*.

- Klicken Sie anschließend in der zweiten Gruppe *Tabellenformatvorlagen* auf den kleinen Pfeil neben der Schaltfläche *Rahmen*.
- Im Pop-Up-Menüfenster klicken Sie auf den Befehl *Alle Rahmenlinien*. Dadurch weisen Sie die gewünschte Formatierung allen Linien in Ihrer Tabelle zu.

Hintergrundfarbe verändern

- Markieren Sie gewünschte Zelle oder die gesamte Tabelle.
- Öffnen Sie die Registerkarte *Tabellentools/Entwurf*.
- In der zweiten Gruppe *Tabellenformatvorlage* klicken Sie auf die Schaltfläche *Schattierung*.
- Wählen Sie im Dialogfenster eine der gewünschten Hintergrundfarben aus. Falls Sie sich nur schwer entscheiden können, bewegen Sie einfach Ihren Mauszeiger über die Farbpalette. Denn Word 2010 zeigt Ihnen dann per Vorschau an, wie Ihre Word Tabelle bzw. Ihre Zelle in der jeweiligen Farbe aussehen wird. Klicken Sie dann die gewünschte Hintergrundfarbe an.

Tabellenbearbeitung mit Formatvorlagen

In den Tabellentools können diverse Formatvorlagen angewählt werden
Außerdem können Sie festlegen auf welche Bereiche der Tabelle das AutoFormat angewendet werden soll.

Sie können dann die Formatvorlage selbstverständlich nachbearbeiten.

Tabelle in Text umwandeln

Selbstverständlich können Tabellen oder Zeilen von Tabellen in Text umgewandelt werden. Markieren Sie dazu die entsprechenden Zeilen. Rufen Sie den Menüpunkt „Einfügen -Tabelle – Tabelle in Text umwandeln“ auf und wählen Sie dann das Trennzeichen, mit dem die einzelnen Feldinhalte getrennt werden sollen.

Trennzeichen sind z.B. Tabstopps, Absatzmarken oder Semikola.

Text in Tabelle umwandeln

Umgekehrt können Sie Text auch in eine Tabelle umwandeln. Dazu müssen im Vorfeld gewisse Voraussetzungen geschaffen werden.

- Jede Zeile sollte durch die Entertaste abgeschlossen sein.
- Die einzelnen Textteile sind durch Trennzeichen, also Tabulatoren, Semikola oder andere **vorher** zu trennen.

Rufen Sie dann das Menü „Einfügen - Tabelle – Text in Tabelle umwandeln“ auf:

Beispiel:

; Umsatzplanung;Gewinnerwartung
1.Quartal;50.000,- €;26.000,- €

2.Quartal;53.400,- €;25.000,- €
3.Quartal;57.800,- €;24.600,- €
4.Quartal;65.000,- €;27.200,- €

	Umsatzplanung	Gewinnerwartung
1.Quartal	50.000,- €	26.000,- €
2.Quartal	53.400,- €	25.000,- €
3.Quartal	57.800,- €	24.600,- €
4.Quartal	65.000,- €	27.200,- €

Formelberechnungen

Ähnlich wie in Excel können auch in Word Berechnungen durchgeführt werden, allerdings in wesentlich geringerem Umfang. Rufen Sie in den Tabellentools unter Layout den Formeleditor auf. Sie können die Formel selbst eingeben oder auf vorgegebene Funktionen zurückgreifen.

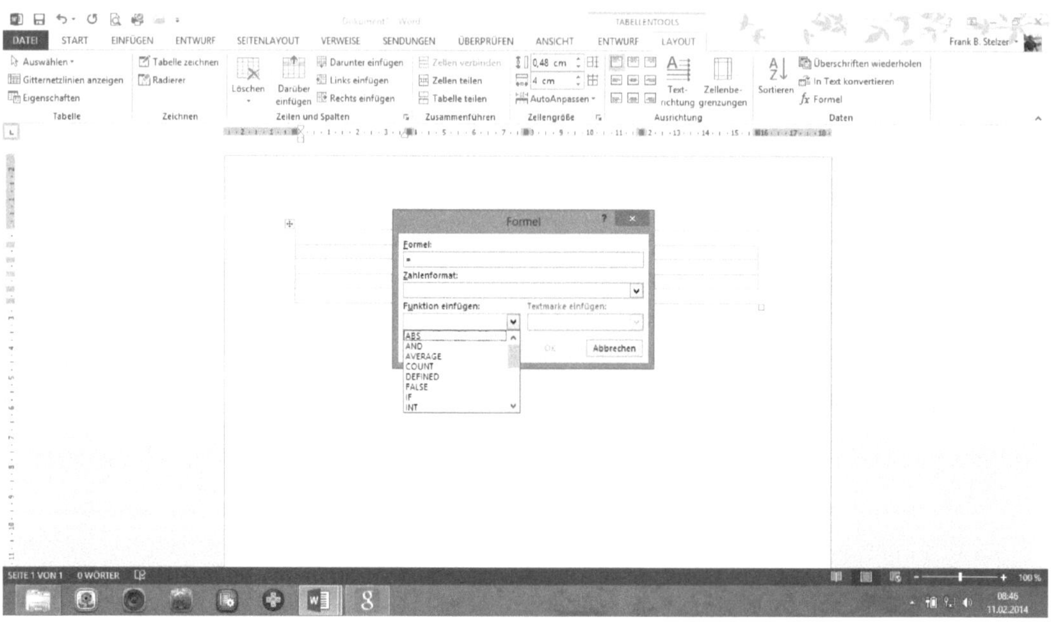

Der Geschäftsbrief nach DIN 5008

Das Deutsche Institut für Normung (DIN) schreibt nach DIN 5008 für Briefe bestimmte Seitenmaße, Abstände und Schriftgrößen vor. In dieser Norm ist in zahlreichen Paragraphen genau festgelegt, wo was in welcher Größe zu stehen hat.

Die Höhe des Briefkopfes soll 4,5 cm betragen, für die Höhe der Fußzeilen gibt es keine Angaben. Bei der Gestaltung des Briefkopfs und der Fußzeile macht Ihnen die DIN 5008 keine Vorgaben. Auch zur Absenderzeile oberhalb des Adressfeldes, die wichtig bei der Verwendung von Briefumschlägen mit Fenstern ist, werden keine Vorschriften gegeben. Ich würde aber diese Absenderzeile im Adressfeld empfehlen. Alle weiteren Maße und Abstände finden Sie in der Tabelle.

Bezeichnungen für die Angaben zum Brief nach DIN 5008

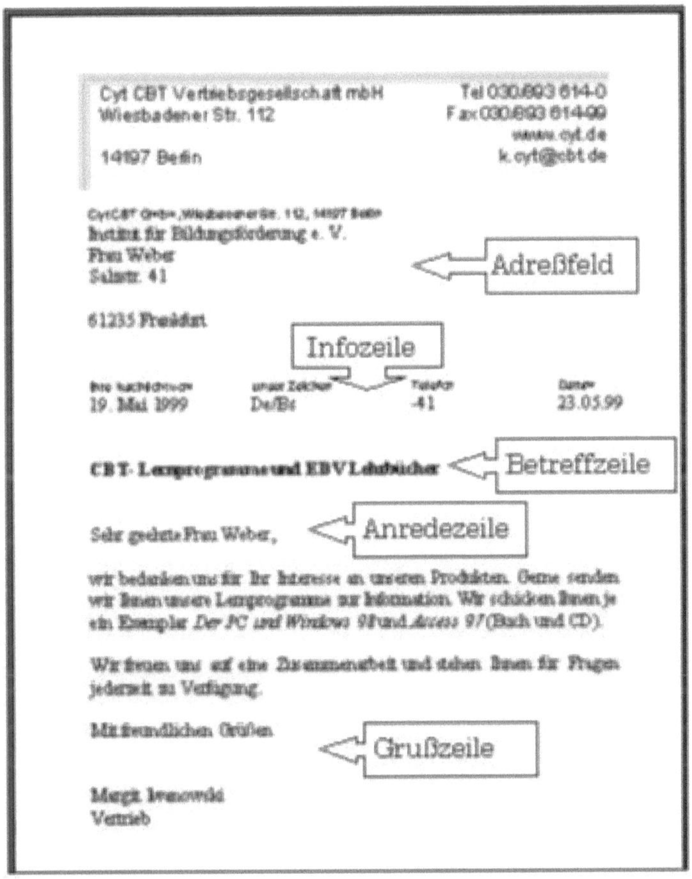
Cyt CBT Vertriebsgesellschaft mbH
Wiesbadener Str. 112

14197 Berlin

Tel 030/893 614-0
Fax 030/893 614-99
www.cyt.de
k.cyt@cbt.de

Institut für Bildungsförderung e. V.
Frau Weber

19. Mai 1999 De/Bt -41 23.05.99

Sehr geehrte Frau Weber,

wir bedanken uns für Ihr Interesse an unseren Produkten. Gerne senden wir Ihnen unsere Lernprogramme zur Information. Wir schicken Ihnen je ein Exemplar *Der PC und Windows 98* und *Access 97* (Buch und CD).

Wir freuen uns auf eine Zusammenarbeit und stehen Ihnen für Fragen jederzeit zu Verfügung.

Mit freundlichen Grüßen

Vertrieb

DIN5008 Maße

Seitenmaße	Länge 29,7 cm, Breite 21,0 cm
Linker Seitenrand	2,41 cm
Rechter Seitenrand	mindestens 0,81 cm
Schriftgröße	mindestens 10 Punkt
Adressfeld	5,08 cm
Abstand der ersten Zeile von oben	eine Leerzeile
Vor der Ortsangabe	
Abstand der ersten Infozeile von oben	9,74 cm
Abstand der unteren Infozeile zur Betreffzeile	zwei Leerzeilen
Abstand der Betreffzeile zur Anredezeile	zwei Leerzeilen
Abstand der Anredezeile zum Brieftext	eine Leerzeilen
Abstand des Brieftextes zur Grußzeile	eine Leerzeile
Abstand der Grußzeile zur Namensnennung	drei Leerzeilen

Dokumentvorlagen erstellen und ändern

Allgemeines

Wie Sie bereits wissen basiert jedes Word-Dokument auf einer Dokumentvorlage. Eine Dokumentvorlage legt die Grundstrukturen eines Dokumentes fest und enthält Dokumenteinstellungen wie die bereits erlernten Zeichen-, Absatz- und Seitenformatierungen, Formatvorlagen, Autotext-Einträge, Menübefehle und Kurzbefehle.

Dokumentvorlagen werden verwendet, wenn Dokumente gleiches Aussehen, gleiche Inhalte oder gleiche Tätigkeiten erfordern. Sie speichern dabei alle konstanten Elemente in einer Originaldatei, der Dokumentvorlage. Wenn Sie ein neues Dokument auf Basis dieser Vorlage erstellen, wird eine Kopie dieses Originals geöffnet.

Man unterscheidet zwischen Benutzervorlagen und Arbeitsgruppenvorlagen. Arbeitsgruppenvorlagen sind Dokumentvorlagen, die gemeinsam im Netz benutzt werden. Diese unterscheiden sich im Wesentlich durch Speicherort und Zugriffsmöglichkeiten. Benutzervorlagen sind die von Ihnen selbst erstellten Vorlagen. Diese werden automatisch im Ordner VORLAGEN abgespeichert.

In der Registerkarte „Datei“ finden Sie dann unter „Neu“ die entsprechenden eigenen Vorlagen und eine Vielzahl von Standardvorlagen wieder.

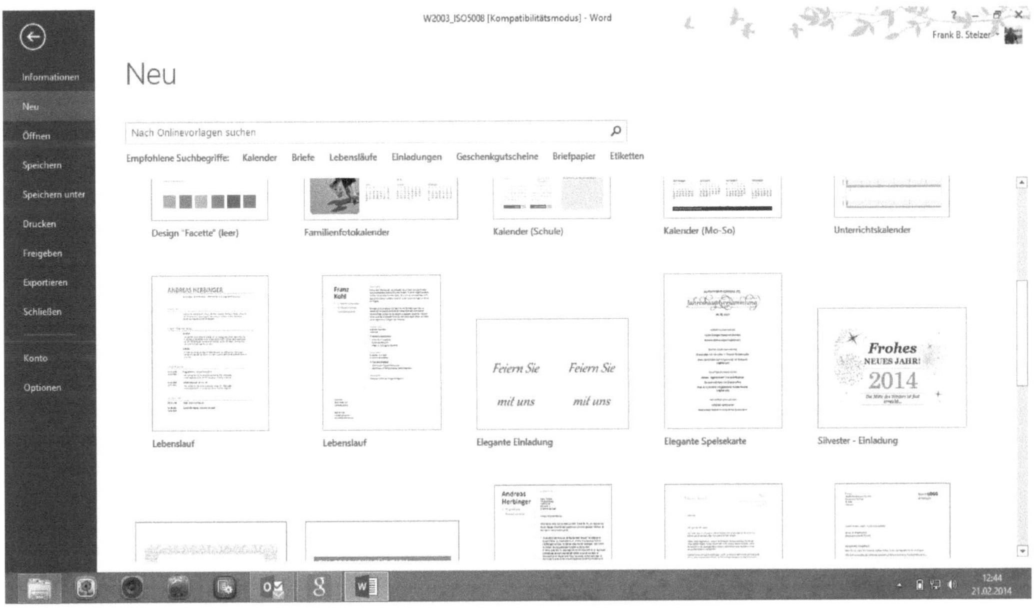

Über NACH ONLINE-VORLAGEN SUCHEN gelangen Sie auf die Webseite von Microsoft, auf der Vorlagen zum Download angeboten werden.

Die Standarddokumentvorlage

Jeder Text, den Sie in *Word* schreiben, hat eine Verbindung zu einer Dokumentvorlage. Es ist nicht möglich, ohne sie zu arbeiten. Falls Sie bisher nichts davon gemerkt haben, liegt dies daran, dass *Word* von sich aus automatisch die Standardvorlage mit dem Namen *Normal.dotx* verwendet (falls Sie keine spezielle Vorlage benutzen). In der Vorlage *Normal.dotx* sind folgende Informationen als Standardvorgaben vorhanden:

Seitenlayout	Ränder: oben, rechts und links 2,5 cm, unten 2 cm;
	Größe 21 cm x 29,7 cm, einspaltig
Ausrichtung	linksbündig
Standardschrift	Times New Roman, 12 Punkt
Standardtabstopp	1,25 cm

Bevor Sie Änderungen an der Standardvorlage vornehmen, ist es ratsam, die *Normal.dotx* unter einem anderen Namen zu sichern. Änderungen sollten wirklich nur sehr gezielt vorgenommen werden, denn eine relativ leere Vorlage ohne Ballast ist in vielen Fällen sehr nützlich. Ganz einfach ist es, die Standardschrift und die Standard-Seitenränder, also die Schrift und die Seitenränder in der Dokumentvorlage *Normal.dotx* zu ändern.

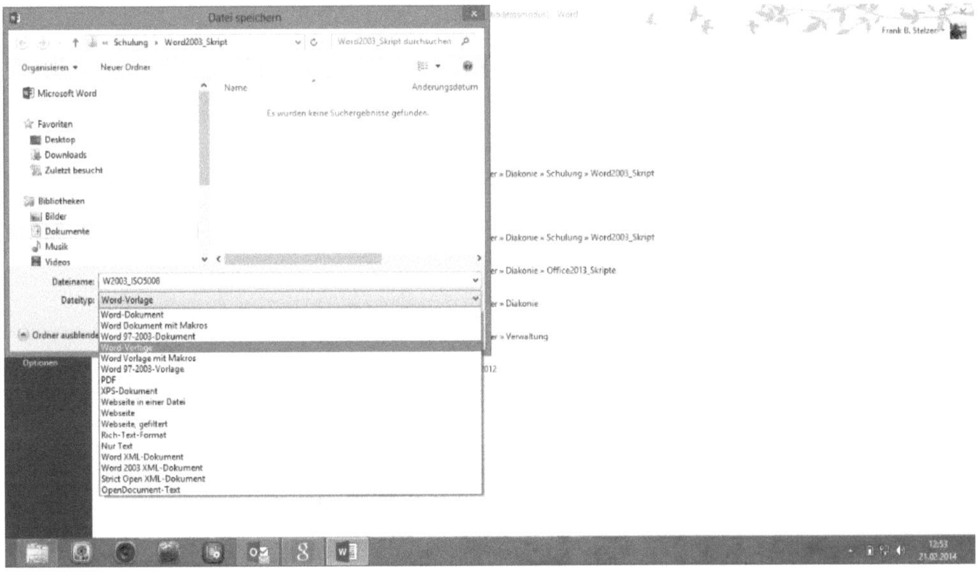

Dokumentvorlagen ändern

Um eine bestehende Dokumentvorlage zu ändern, wird sie geladen wie ein gewöhnlicher Text. Lediglich in der Dialogbox ÖFFNEN müssen Sie den Dateitypfilter ändern. Dann können Sie Änderungen vornehmen: Zeichen-, Absatz- oder Seitenformate, Formatvorlagen, Autotexte, Makros oder Texte.

Speichern Sie dann die Vorlage mit der Endung .dotx. Word gibt Ihnen die Möglichkeit unter „als Vorlage speichern".

Formularerstellung mit Word 2013

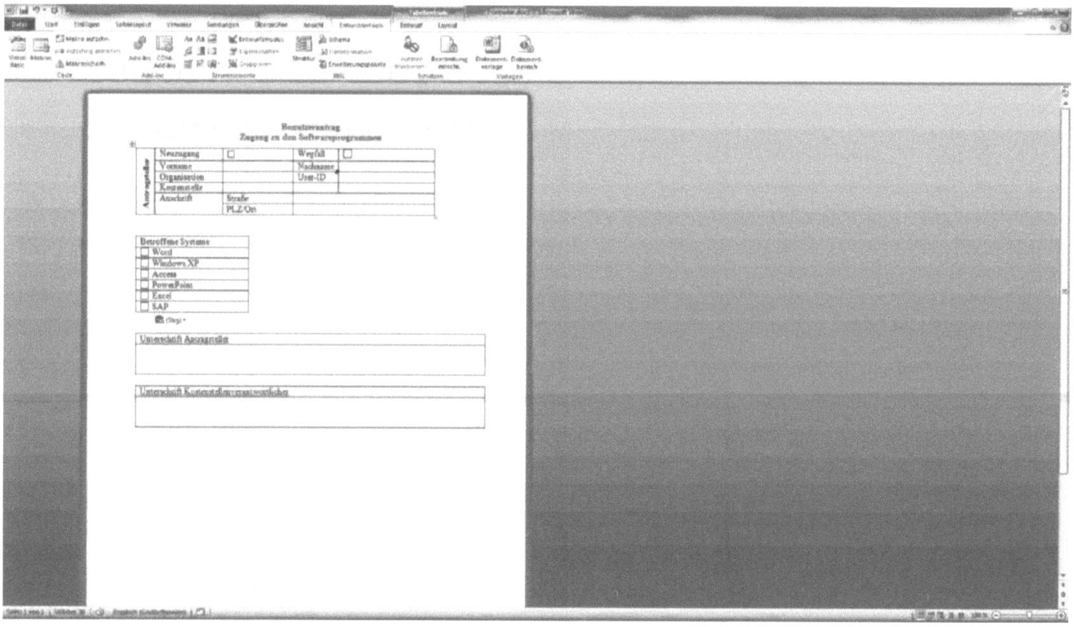

Grundlagen

Formulare ermöglichen dem Benutzer die Möglichkeit des direkten Ausfüllens am Bildschirm. Sie können sowohl als Ganzes ausgedruckt als auch auf spezielle Vordrucke ausgegeben werden.

Über die Formularfelder legt man fest an welchen Stellen Eingaben möglich sind. Das Formular selber wird dann vor Veränderungen geschützt. Nur der Entwickler kann das Aussehen ändern. Der Benutzer kann nur die Formularfelder anspringen.

Man sollte ein Formular immer als Word-Vorlage (.dotx) speichern. Man kann auch spezielle Briefvorlagen als Formular erstellen.

Zur Gestaltung von Formularen eignen sich hervorragend Tabellen. Sie ermöglichen die Ausrichtung von Textpassagen und Feldern und erlauben das Einfügen von Rechenfeldern.

Formulare lassen sich dann durch eingefügte Objekt, Grafiken und Rahmen weiter gestalten. Stellen im Text an denen Eingaben möglich sind werden als Formularfelder definiert, der Rest der Vorlage ist gegen Änderungen geschützt.

Erstellen eines Formulars

Als Beispiel für eine Dokumentenvorlage dient oft das Telefax. Zur Einführung ist dieses auch sehr gut geeignet da normalerweise keine Rechenoperationen durchgeführt werden.

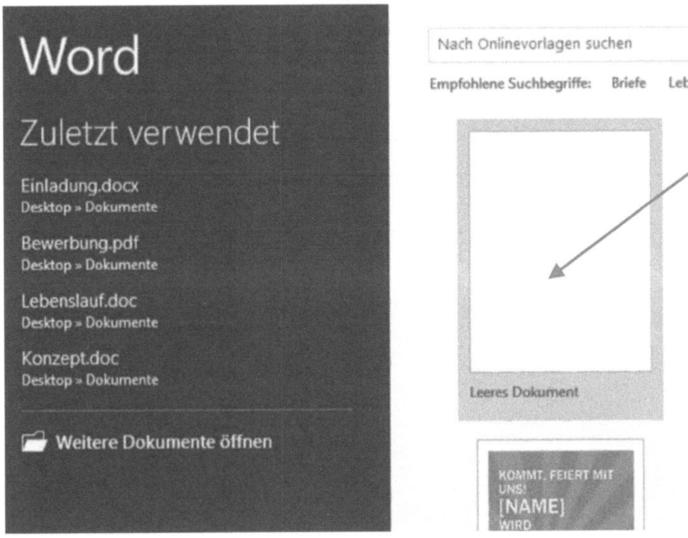

Klicken Sie zunächst auf „Datei-Neu" um mit einem leeren Dokument zu beginnen.

Erstellen Sie zunächst eine Kopfzeile mit Ihren Absender-daten. Anstatt der Abkür-zungen können Sie selbstver-ständlich auch Symbole für Telefon und Fax aus Wingdings benutzen.

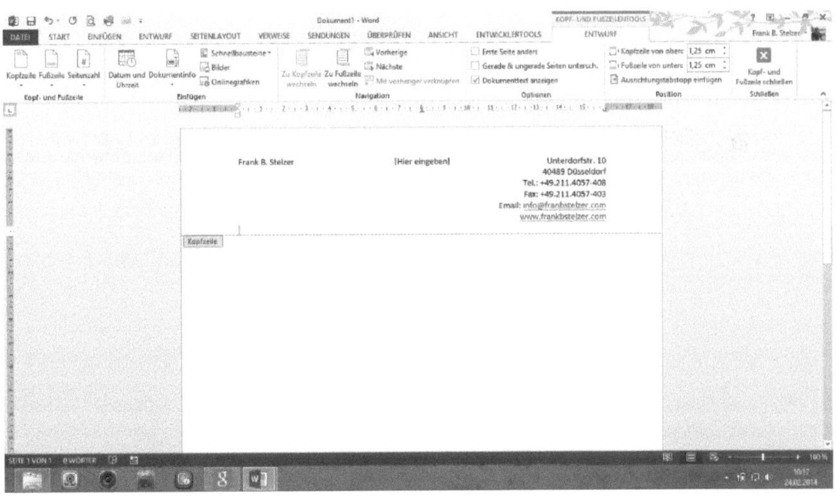

Geben Sie nun die Überschrift ein, z.B. Telefax oder per Telefax und formatieren diese entsprechend Ihrer Wünsche.

Fügen Sie als Nächstes eine Tabelle zwei Spalten und fünf Zeilen und darunter eine Tabelle mit zwei Spalten und drei Zeilen ein.

Im Anschluss gehen Sie in die Registerkarte Tabellentools - Layout auf die Option „Abstand zwischen Zellen zulassen“ und wählen den Abstand 0,05cm..

Dann markieren Sie die letzte Zeile mit zwei Spalten und gehen auf „Zellen verbinden“, ebenfalls im Layout des Tabellentools.

Nun können Sie den Text, wie im Beispiel unten eingeben.

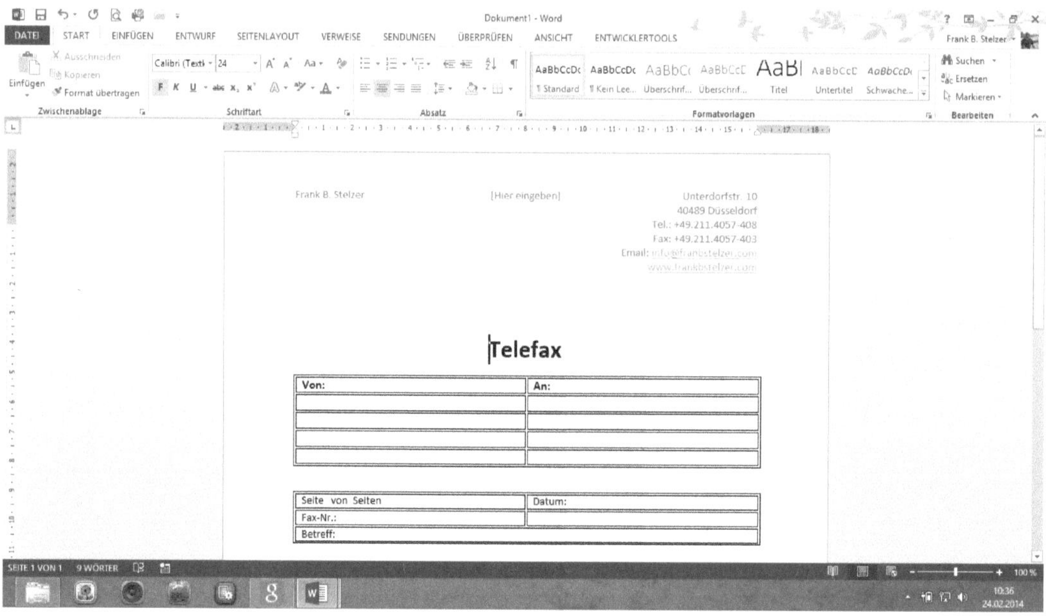

Die Entwicklertools

Um benutzbare Formularfelder in Ihr Dokument einzufügen benötigen Sie die Entwicklertools. Diese sind im Menüband nicht von Beginn vorgesehen und müssen, falls nicht bereits früher geschehen, aktiviert werden. Dieses geschieht so:

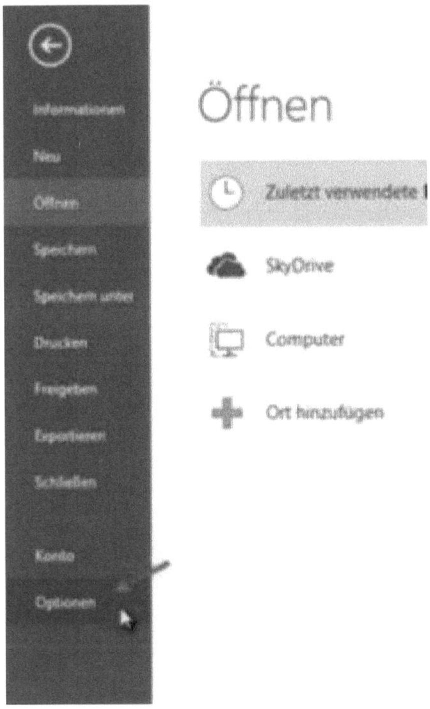

Gehen Sie auf „Datei-Optionen“

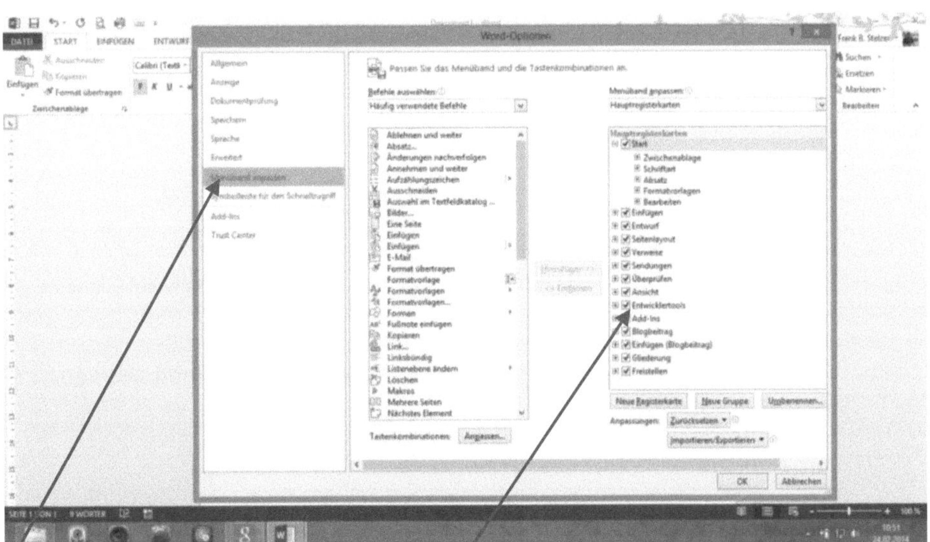

Klicken Sie auf „Menüband anpassen“:
Aktivieren Sie die Entwicklertools im rechten Bereich.

Bestätigen Sie alles mit "OK" und gehen zurück in das Faxformular. Rufen Sie die →Entwicklertools auf.

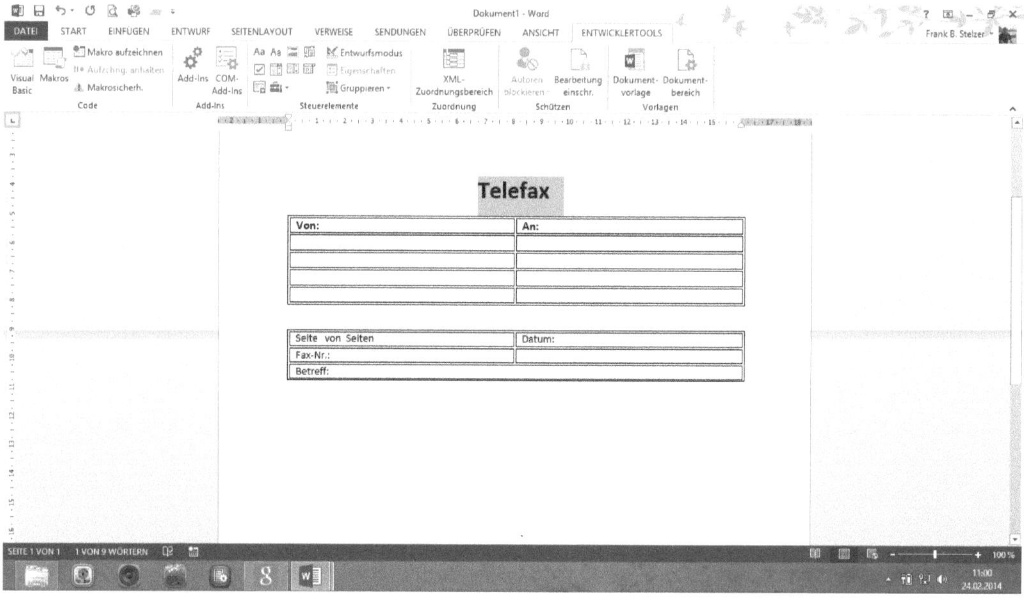

Die Steuerelemente in den Entwicklertools

In den Entwicklertools finden Sie unter anderem die Steuerelemente, wie

- **das Rich-Text-Steuerelement**
  Ein Rich-Text-Element ist auchaus anderen Programmen oder aus Visual-Basic heraus ansprechbar.

- **das Nur-Text-Steuerelement**
  Das einfachste Steuerelement hier gibt es wirklich nur Text.

- **das Bildinhaltssteuerelement**
  Hier könnte z.B. Ihr Fote eingefügt werden (z.B. für ein privates Fax)

- **das Bausteinkatalogs-Steuerelement**
  Hier bietet Word unterschiedliche Bausteine an. Sie können aber auch eigene Formate erstellen.

- **das Kontrollkästchensteuerelement**
  Bietet die Möglichkeit, sogenannte Kontrollkästchen, also Wahlfelder zum „anklicken" zu erzeugen.

- **das Kombinationsfeld-Inhaltssteuerelement**
  Hier stellen Sie dem Formularbenutzer, ähnlich wie bei der Dropdownliste eine Auswahl an Texten zur Verfügung.

- **das Dropdownlisten-Inhaltssteuerelement**
  Siehe →Kombinationsfeld-Inhaltssteuerelement

- **das Datums-Inhaltssteuerelement**
  Hier besteht eine Auswahl an Datumsformaten sowie die Datumsauswahl über Kalender

  und das

- **Inhaltssteuerelement für wiederholte Abschnitte**
  dazu zählen Listensteuerelemente, wiederholte Tabellen, wiederholte Abschnitte und optionale Abschnitte. Diese Steuerelemente ermöglichen es dem Benutzer, beim Ausfüllen eines Formulars Zeilen, Datensätze und optionale Informationen einzugeben.

Darüber hinaus ist in den →**Vorversionstools** ein Active-X-Steuerelement und ein Formularsteuerelement verfügbar.

Geben Sie nun die in der Mehrzahl benötigten Text-Steuerelemente in das Formularfeld ein.

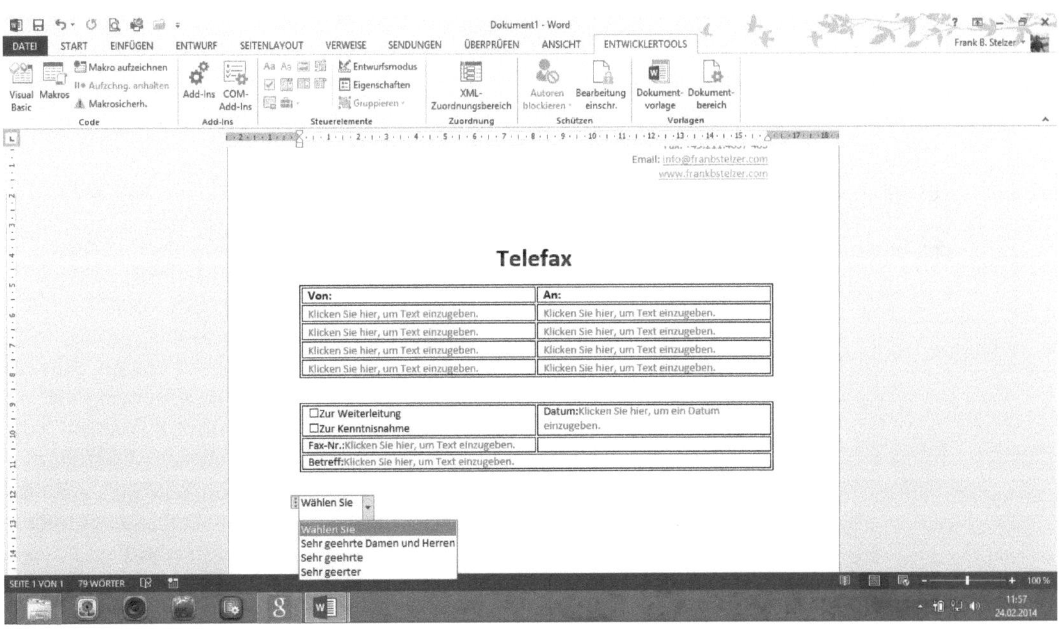

Vor den Feldern „Zur Kenntnisnahme / Zur Bearbeitung" fügen Sie bitte entsprechende Kontrollkästchen ein.

Nach dem Doppelpunkt im Datum fügen Sie bitte ein Datumauswahl-Element ein.

Zu Beginn des Textes können Sie noch eine Inhaltsauswahl zur Verfügung stellen.

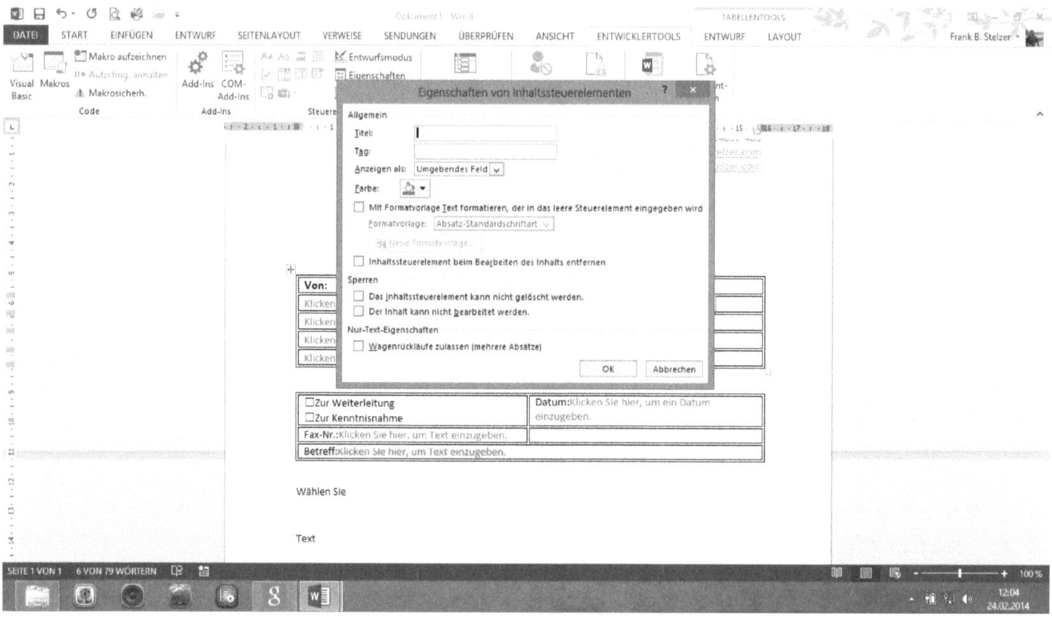

Durch Markieren des eingefügten Felds und Klicken auf das Steuerelement „Eigenschaften“ können Sie dann alle Felder nachformatieren.

Wenn Sie dann im Startmenü den Dialog Schriftart öffnen und die Option „Ausgeblendet“ anklicken verschwindet der Text „Klicken Sie hier, um Text einzugeben“.

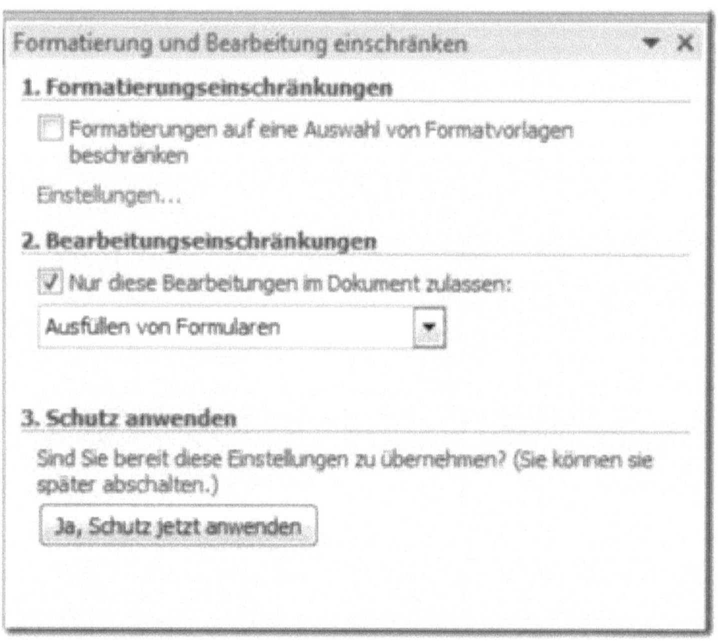

Klicken Sie nun auf „Bearbeitung einschränken“ in den Entwicklertools und klicken Sie im sich öffnenden Aufgabenbereich “Nur diese Bearbeitung im Dokument zulassen“ auf die Auswahl „Ausfüllen von Formularen“. Klicken Sie nun auf „Ja, Schutz nun anwenden“.
Im folgenden Dialog können Sie nun ein Kennwort angeben. Beachten Sie aber, dass, falls Sie das Kennwort vergessen, niemand mehr auf das Dokument zugreifen kann. Auch ohne Kennowort ist das Dokument vor versehentlichen Änderungen geschützt.

Sie haben nun Ihr erstes Formular erstellt!

Rechnen mit Formularfeldern

Wir haben gerade ein Formular zur Faxvorlage erstellt, also ein Deckblatt mit dem dann beliebig viele Folgeseiten per Telefax versendet werden können.

Was ist aber wenn wir, z.B. zur Übermittlung von Rechnungsdaten an den Buchprüfer, z.B. über alle Vereinsmitglieder ein monatlich wiederkehrendes Formular, jedoch mit evtl. unterschiedlichen Beträgen benötigen.

Dazu hilft uns eine Tabelleneigenschaft von Word. Ähnlich wie in Excel (jedoch nicht so komfortabel) lässt sich mit Word rechnen.

Dazu legen wir, wie schon im Faxformular ein neues Dokument mit unserem Absender (Tennisverein) in der Kopfzeile an.

Danach erstellen wir eine einspaltige Tabelle mit fünf Zeilen für die Anschrift des Buchprüfers.

Im folgenden Absatz erstellen wir einen kurzen Text: Sehr geehrter HerrSchmitz,...
und dann eine weitere Tabelle mit den Vereinsmitgliedern und Beiträgen.

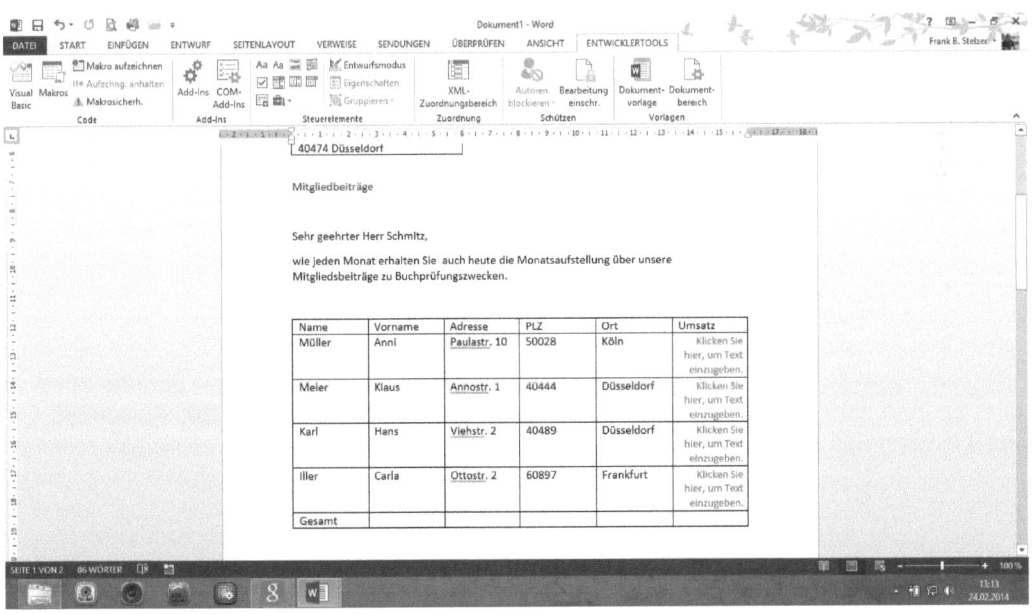

Dann fügen Sie eine Tabelle ein mit den Überschriften Name, Vorname, Adresse, PLZ, Ort und Umsatz. Füllen Sie die Tabelle aus. Unter Umsatz fügen Sie Textfelder ein. In der unteren Zeile fügen Sie das Wort „Gesamt" auf der linken Seite ein.

Dann gehen Sie auf die äußerst rechte Seite. Klicken Sie die Tabellentools an. Klicken Sie auf Formel. Im sich öffnenden Dialogfeld geben Sie unter Formel =sum(above) ein und unter Zahlenformat klicken Sie auf „#.##0,00 €;(#.##0,00 €)“, um das Euroformat herzustellen.

Nach Eingabe der entsprechenden Beträge in die Umsatzspalte errechnet Word automatisch die Summe.

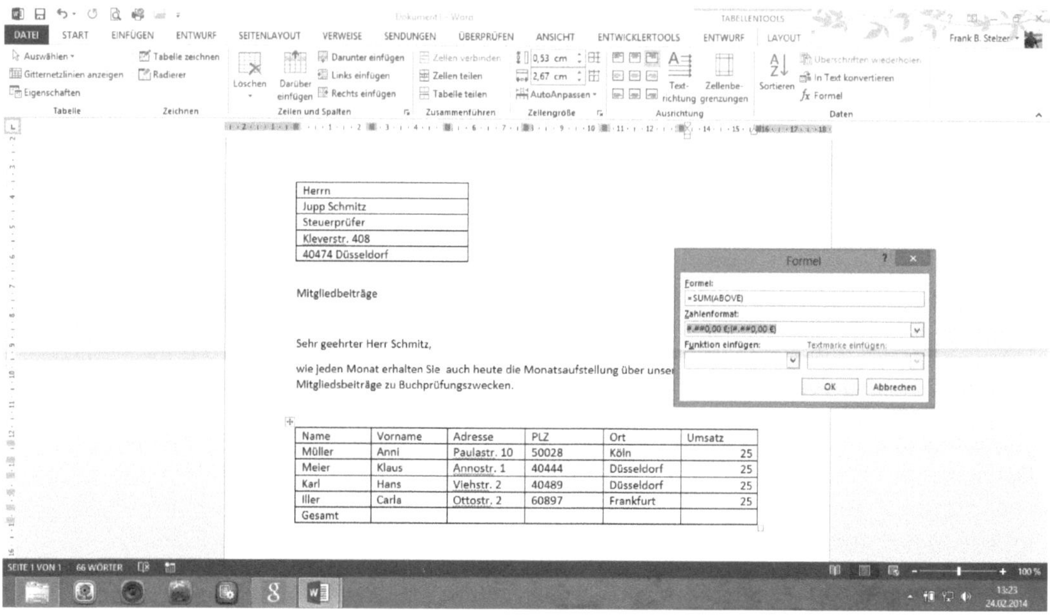

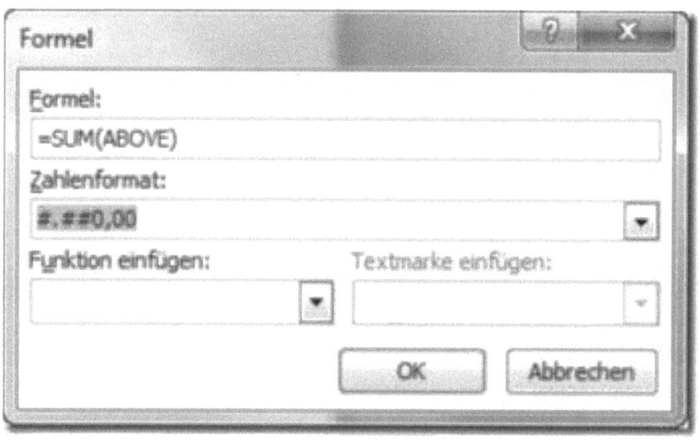

Selbstverständlich können Sie jede andere Formel oder Funktion einfügen.

Die weiteren Schritte zur Erstellung des Formulars sind wie beim Fax beschrieben.

Bilder und Grafiken in Word

Allgemeines

Wenn Sie Vorlagen und Dokumente attraktiv gestalten wollen (nicht übertreiben) sind Sie in der Lage Bilder oder Grafiken einzubinden. Über das Menü „Einfügen“ haben Sie, neben Tabellen, Apps und Onlinevideos, die Möglichkeiten:

- Bilder aus Ihrem Rechner
- Onlinegrafiken
- SmartArt-Grafiken
- Diverse Formen, wie Pfeile, Balken usw.
- Diagramme
- Screenshots aus anderen Programmen

In Ihr Dokument aufzunehmen. Sie erhalten dann automatisch eine neue Registerkarte Bildtools. Die gängigsten Funktionen stehen im Kontextmenü der rechten Maustaste zur Verfügung.

Grafik löschen bzw. Größe der Grafik verändern

Wollen Sie die Grafik löschen markieren Sie diese und drücken auf die Entf-Taste. Wenn Sie die Größe ändern wollen erledigen Sie dieses über die sogenannten Anfasspunkte.

Grafiken bearbeiten

Sie können Bilder, Grafiken oder ClipArts über die Bildtools weiter bearbeiten. Sie können die Grafik zuschneiden, das Bild drehen, den Textfluss oder die Position im Dokument verändern oder mit Linien oder Füllfarben arbeiten. Dazu muss die Grafik aber vorher markiert werden.

Diese Grafik hat als Umbruchsart Rechteck. Der Umbruch erfolgt nach beiden Seiten. Diesen Text kann man über das folgende Dialogfeld einstellen

Register Position bzw. Text in Zeile

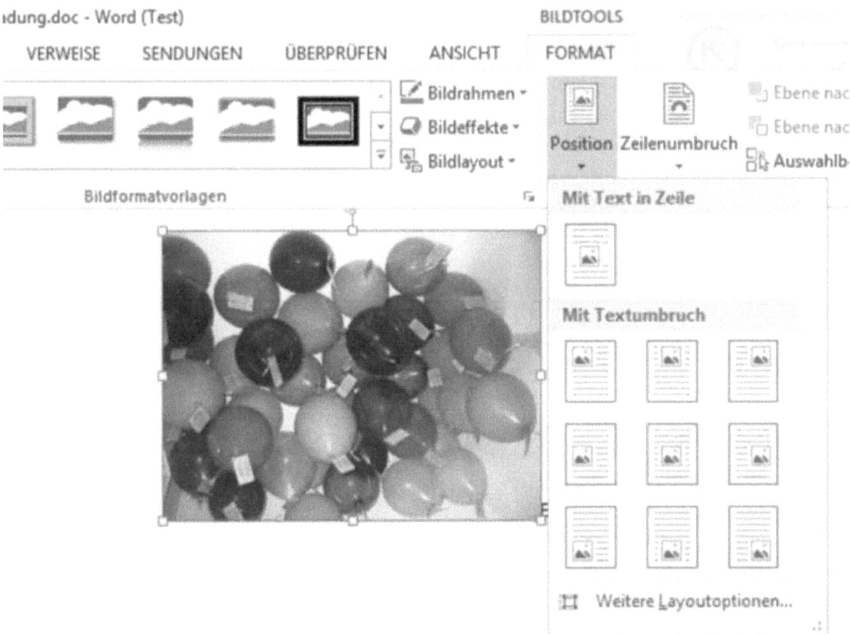

Mit den Bildtool-Registern „Layout“ bzw. „Zeilen-umbruch“ legen Sie die Position des Bildes in Ihrem Doku-ment fest.

- „Mit Text in Zeile“: Die Grafik wird wie ein Zeichen eingefügt.
- „Rechteck“: der Text läuft rechts und links des Grafikrechtecks weiter.
- „Passend“: wie Rechteck, der Text passt sich aber der Form der Grafik an.
- „Hinter den Text“: die Grafik wird in den Hintergrund gesetzt. Der Text läuft über die Grafik.
- „Vor den Text“: die Grafik wird vor den Text gesetzt. Der Text wird unter Umständen nicht mehr sichtbar.

Über die Schaltfläche Weiter können weitere Umbrucharten aufgerufen werden.

Über den Eintrag „Weitere“ kann zwischen zwei zusätzlichen Umbrucharten gewählt werden:

- „Transparent“: entspricht „Passend“, lässt aber den Text über alle Öffnungen der Grafik laufen.
- „Oben und Unten“: Der Text wird, unabhängig von der Größe der Grafik, nur ober- oder unterhalb der Grafik angezeigt.

Für einige Umbrucharten kann festgelegt werden auf welcher Seite der Text um die Grafik fließen soll, bzw. welchen Abstand der Text zur Grafik haben soll.

Kontextmenü „Größe und Position“

Ist eine Grafik breiter als die Seite wird sie automatisch eingepasst. Über das das Kontextmenü „Größe und Position“ kann sie weiter verändert werden. Höhe und Breite können millimetergenau angepasst werden. Darüber hinaus ist auch eine prozentuale Skalierung möglich. Das Verhältnis von Höhe und Breite wird beibehalten wenn das Kontrollfeld „Seitenverhältnis“ aktiviert ist. Die Originalgröße ist unten angegeben. Über das Feld „Zurücksetzen“ wird die Originalgröße wieder hergestellt. Das Feld „Relativ zur Originalgröße “zeigt dabei das eingestellte Größenverhältnis zum Original. Wird die Grafik nachträglich weiter verändert ohne das das Feld „Relativ zur Originalgröße“ aktiviert ist, entspricht die vorhergehende Einstellung 100%.

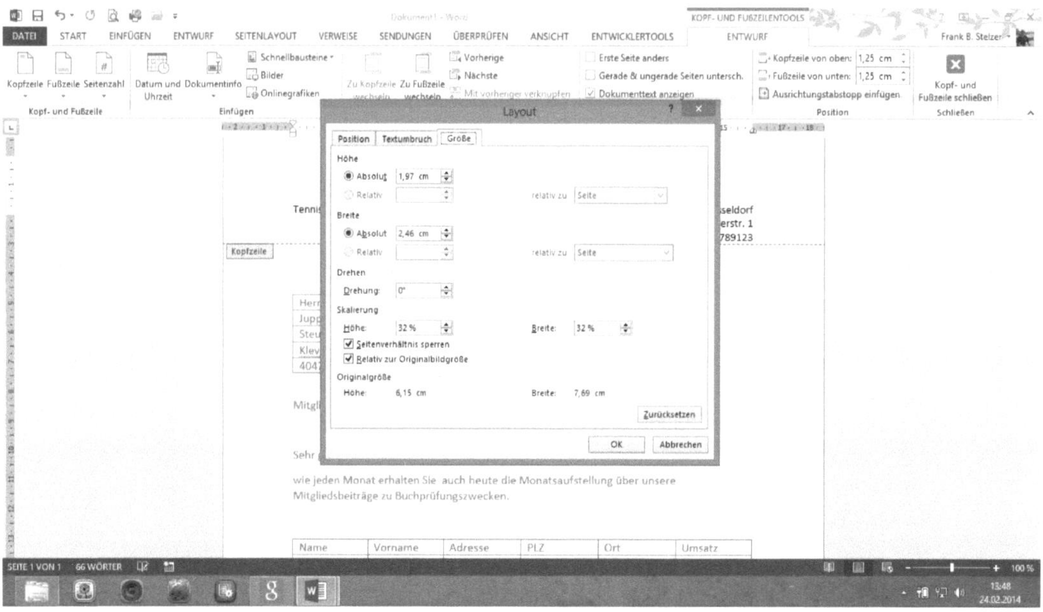

Sonstige Bildtools

Bei den unterschiedlichen Registern können Sie zwischen diversen Bildformaten, Effekten, Rahmen und Layouts auswählen. Sogar selbst erstellte Grafiken können als Hintergrund oder Füllung für Autoformen oder Textfelder genutzt werden.
Darüber hinaus sind Farbvoreinstellungen möglich. Unterschiedliche Farbverläufe bzw. Schattierungsarten sind für alle Farbzusammenstellungen wählbar.

Kopf- und Fußzeilen

Sie können den oberen und den unteren Seitenrand (wie bereits bei der DIN5008 kurz angesprochen) mit zusätzlichen Informationen versehen. Beispiele wären Kapitelüberschriften, Seitenzahl, Datum oder Dateiname.
Diese erscheinen dann auf jeder Seite. Kopf- und Fußzeilen gelten, sofern Sie dieses nicht in verschiedene Abschnitte einteilen, für das gesamte Dokument.

Erzeugen von Kopf- und Fußzeilen

Über das Menü „Einfügen Kopf- und Fußzeile" können Sie diese einfügen. Zu erkennen Sind die Kopf- und Fußzeilen am gestrichelten Rahmen. Der sonstige Dokumententeil kann in dieser Einstellung nicht bearbeitet werden und erscheint grau.

Es erscheinen automatisch die Kopf- und Fußzeilentools.

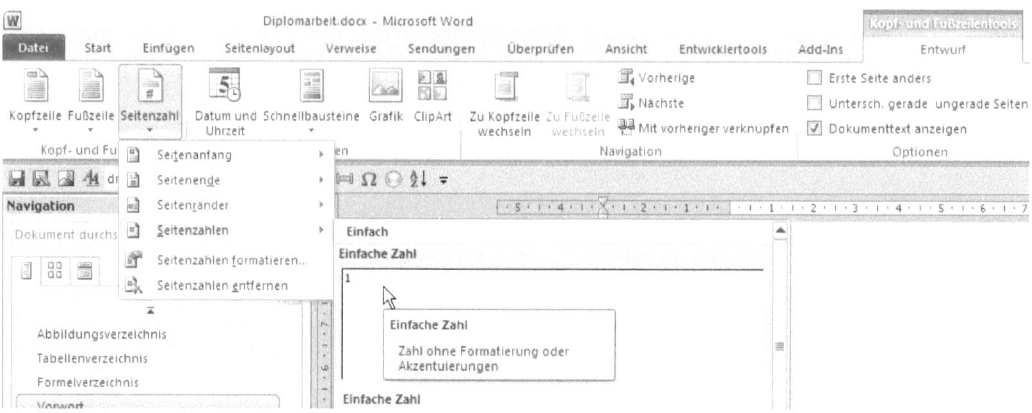

Mit diesen Tools können Sie einige Funktionen wie z.B. Datum, Uhrzeit oder wie in diesem Beispiel Seitenzahl über die Symbole einfügen. **Achtung:** Datum, Uhrzeit und Seitenzahlen werden bei jedem Ausdruck neu berechnet. Nach Beendigung der Eingaben einen Doppelklick in den Textkörper. Danach erscheinen Kopf- und Fußzeile grau (inaktiv).

Außer den verfügbaren Symbolen in der Kopf- und Fußzeile stehen Ihnen selbstverständlich alle Möglichkeiten der Absatz- und Zeichenformatierung zur Verfügung.

Standardmäßig ist je ein zentrierter und ein rechtbündiger Tabulator vorgesehen. Diese Tabulatoren können Sie natürlich über die bekannten Funktionen anpassen.

Wollen Sie auf der ersten Seite eine andere Kopf- und Fußzeile haben als auf den Folgeseiten, klicken Sie dieses in den Kopf- und Fußzeilentools einfach an.

Eine weitere Möglichkeit ist für den Buchdruck bestimmt. Hier können Sie für die geraden und ungeraden Seitenzahlen unterschiedliche Kopf- und Fußzeilen bestimmen.

Schnellbausteine – Autotext

Zur ständigen Wiederverwendung können Sie einmal erstellte Textteile als Schnellbaustein oder Autotext speichern. Diese können Sie dann mit Maus oder Tastenkombinationen beliebig oft in den Text einbetten.

Textbaustein erstellen

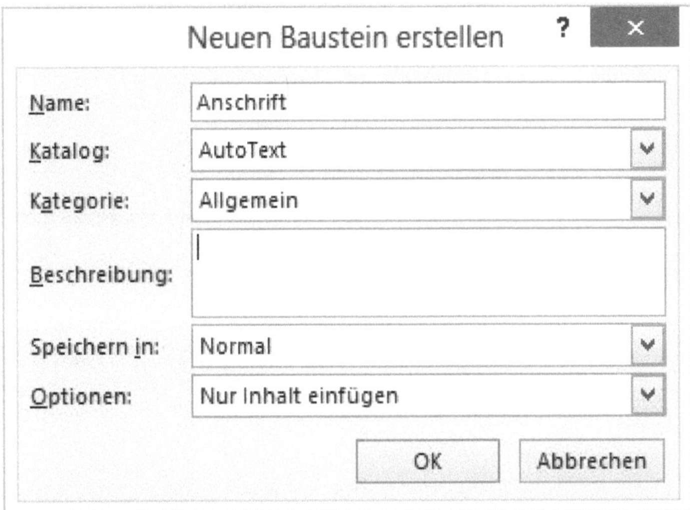

- Markieren Sie den entsprechenden Textteil, den Sie oft verwenden wollen.
- Wechseln Sie in die Registerkarte „Einfügen“ und klicken Sie auf den Pfeil an der Schaltfläche „Schnellbausteine“. Der Dialog „Neuen Baustein erstellen“ wird geöffnet.
- Geben Sie dem Text ein einprägsames Kürzel im Feld „Name“.
Es sollte mind. 4 Zeichen haben, damit Sie es mit der Tastatur einfügen können.
- Klicken Sie auf OK.

Der Autotext wird in der aktuell geöffneten Dokumentenvorlage gespeichert.

Autotext einfügen

Hier haben Sie die Möglichkeiten

- Über die Tastatur
- Über das Dialogfenster

Tastatur
Wenn Sie den Cursor an die gewünschte Textstelle setzen und das Kürzel eingeben erscheint in einem Rahmen darüber der gesamte Text.

Hochachtungsvoll
Hoch

Bestätigen Sie mit Enter oder F3.

Sollten Sie sich nicht an das Kürzel Ihres Schnellbausteines erinnern gehen Sie im Menü „Einfügen“ auf die Schaltfläche „Schnellbausteine“, markieren den Baustein den Sie einfügen wollen per Doppelklick.

Im Organizer für Bausteine können Sie dann Ihre Schnellbausteine zuordnen, bearbeiten oder löschen.

Serienbrieferstellung mit MS-Word

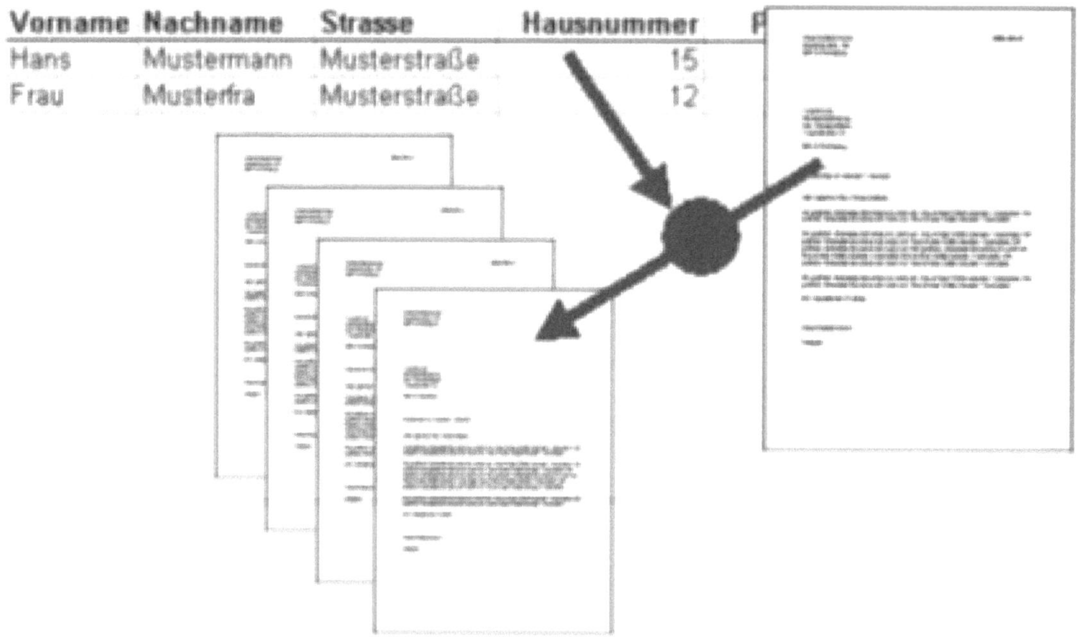
Vorname Nachname Strasse Hausnummer
Hans Mustermann Musterstraße 15
Frau Musterfra Musterstraße 12

Grundlagen

Der Serienbrief ermöglicht es, einen Brief, der an mehrere Personen oder Organisationen geschickt werden soll, nur einmal schreiben zu müssen. Vor dem Ausdruck werden der Brief und eine Datenquelle miteinander verknüpft und die Platzhalter dann automatisch mit den entsprechenden Daten aus der Datenquelle versehen.

Sie benötigen also zwei Dateien für die Erstellung von Serienbriefen:

Das Hauptdokument

- gleich bleibender Text
- Seriendruckfelder
- Platzhalter

Die Datenquelle

- Steuersatz enthält Feldnamen
    - Adressen, Anreden usw.
    - Datensätze mit Informationen

Als Datenquelle können Sie bestehende Dateien, z.B. Lieferantenverzeichnisse nutzen. Sie brauchen diese nicht jedesmal neu zu erstellen. Andere Dateiformate wie Excel oder Access können genutzt werden. Ebenfalls, aber nur bei guter Pflege, können Outlook Daten genutzt werden.

Nach Aufruf der Registerkarte „Sendungen“ klicken Sie auf „Seriendruck starten – Seriendruck-Assistent mit Schritt-für Schritt-Anweisungen“. Damit ist Erstellung von Serienbriefen recht einfach steuerbar. Der Assistent gibt die notwendigen Arbeitsschritte vor.

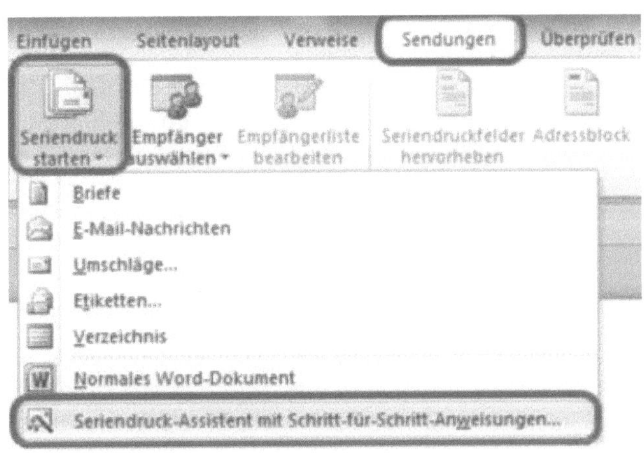

Wenn Sie ein neues Hauptdokument erstellen wollen, müssen Sie die entsprechende Schaltfläche wählen. Der Assistent gibt Ihnen die Möglichkeiten vor. Wählen Sie in diesem Fall „Briefe“. Sie haben dann die Möglichkeit

- das aktuelle Dokument zu verwenden
- mit einer Vorlage zu beginnen
- oder mit dem gerade vorhandenen Dokument zu beginnen.

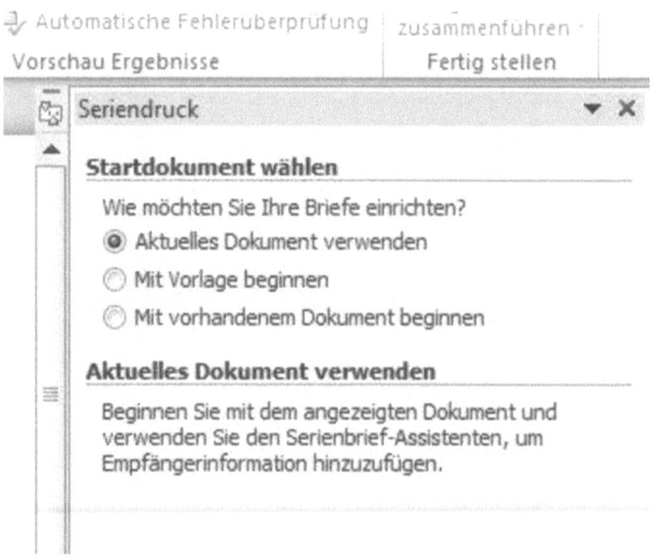

Wählen Sie „Das aktuelle Dokument verwenden“.

Gehen Sie dann - unten im Assistenten – auf „Weiter: Empfänger wählen“.

Sie haben dann die Möglichkeit

- auf eine vorhandene Liste zu zugreifen
- Ihre Outlook-Kontakte zu verwenden
- oder ein neue Liste zu erstellen.

Gehen Sie auf „Neue Liste eingeben“ und klicken auf „Erstellen“. Der Seriendruck-Assistent stellt Ihnen dann eine Tabelle zur Erfassung aller benötigten Kontakte zur Verfügung. Wenn Sie auf den Button „Spalten anpassen“ klicken können Sie die vorgegebenen Felder auch Ihren Wünschen entsprechend umbenennen, Spalten hinzufügen oder löschen oder die Reihenfolge der Spalten verändern.

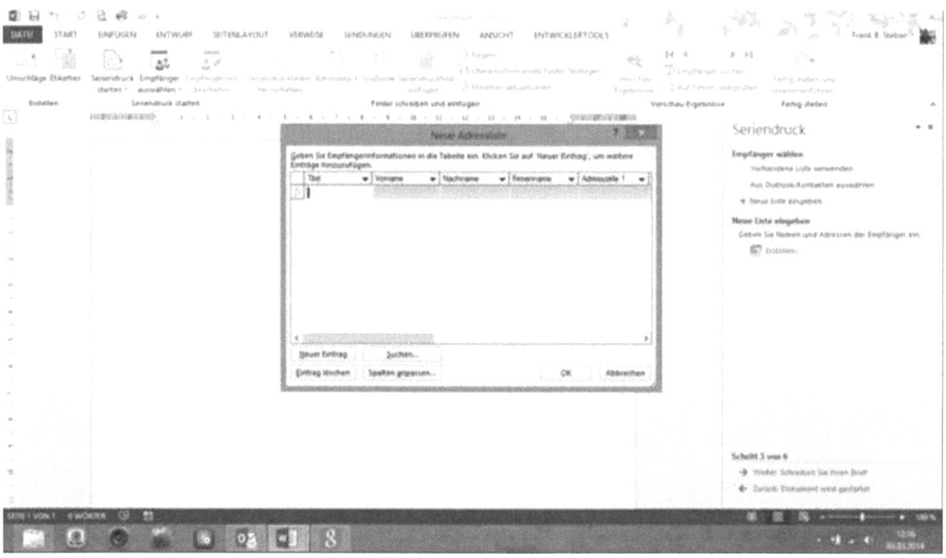

Datensätze erstellen

Über die „Datenmaske“ oder das „Datenformular“ können Sie die entsprechenden Informationen in die Eingabefelder eintragen.

Springen Sie mit der Tab-Taste von Eintrag zu Eintrag. Die einzelnen Einträge werden automatisch gespeichert.

Nach dem letzten Eingabefeld springt der Cursor zum nächsten Datensatz. Um zum Hauptdokument zu geldangen klicken Sie auf „OK“. Bei Klick auf den OK-Button fragt Sie Word nach dem Namen der Adressdatei. Vergeben Sie hier einen „sprechenden“ Namen.

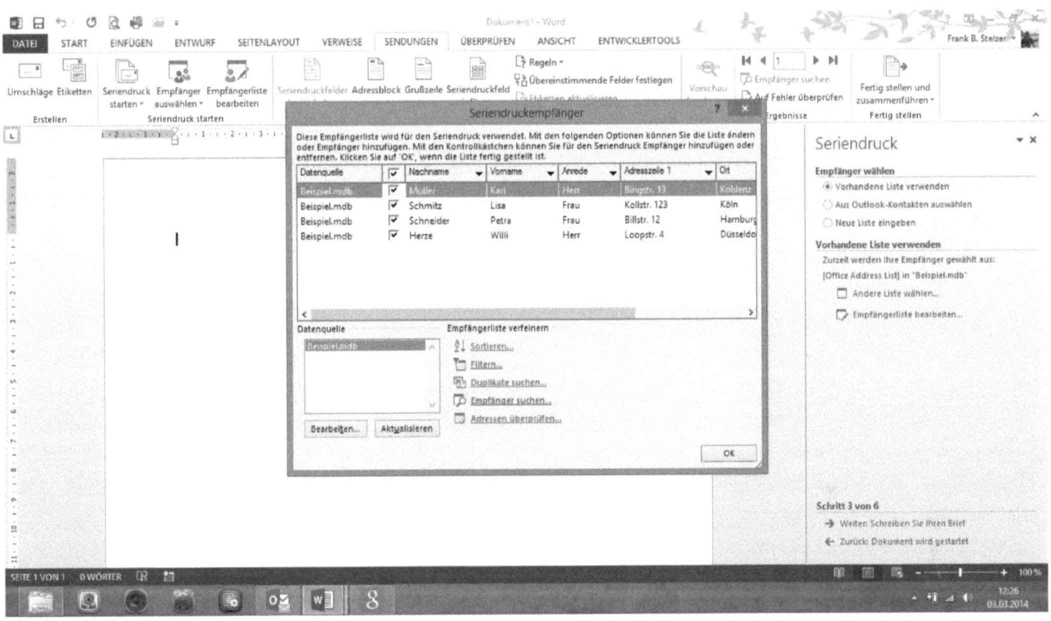

Gehen Sie dann im Seriendruck-Assistenten (unten) auf „Weiter: Schreiben Sie ihren Brief“.

Schreiben Sie dann Ihren Brief.

Bearbeitung des Hauptdokuments

Nach Erstellung der Datenquelle können Sie zum Hauptdokument wechseln und die entsprechenden Platzhalter setzen. Schreiben Sie Ihren Brief, so wie Sie es gerne möchten. Lassen aber für den Adressblock und alle persönlichen Anreden Platzhalter.

Gehen Sie dann zum Punkt für den Adressblock (5,8cm gem. DIN 5008) und klicken im Assistenten auf „Adressblock“:

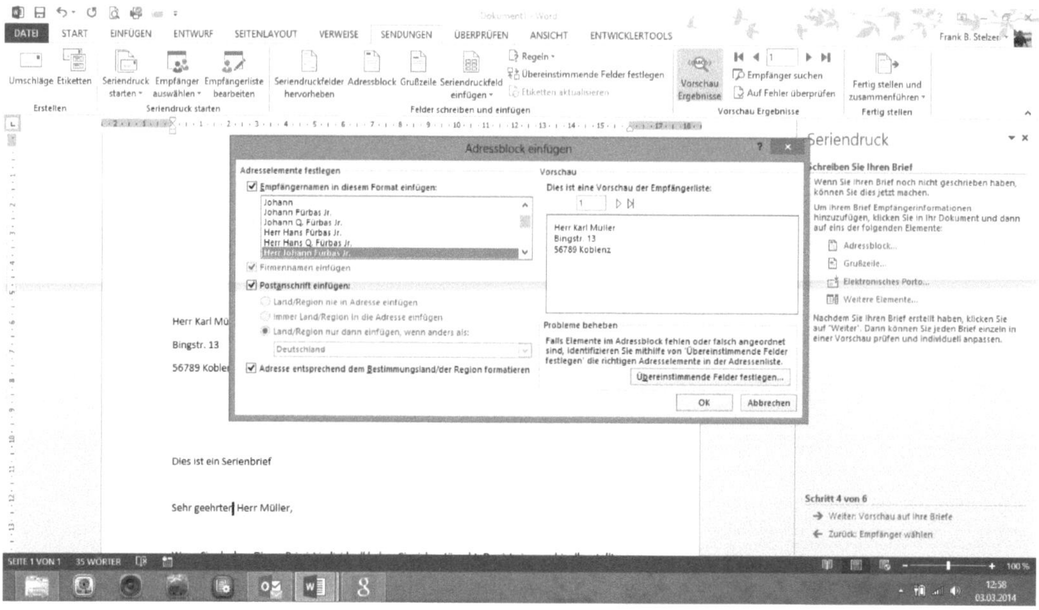

Sie werden dann, wenn Sie auf „Vorschau Ergebnisse“ klicken, feststellen, dass z.B. bei der Anrede „Sehr geehrte(r) Herr…“ das R fehlt. Dieses können Sie mit einem Bedingungsfeld bereinigen.

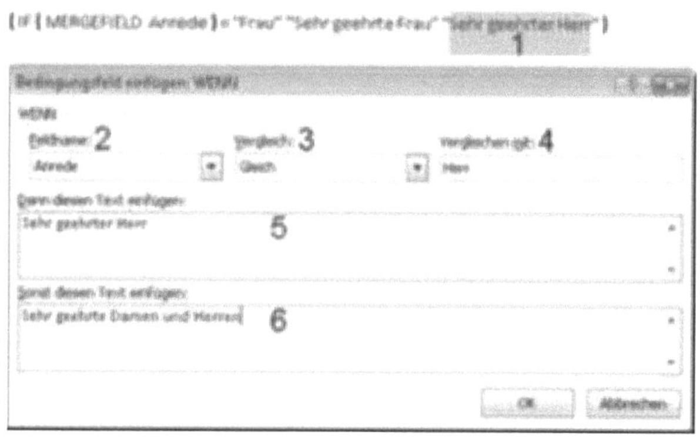

Gehen Sie zunächst an die Stelle, wo das „r“ fehlt.

Klicken dazu Sie in der Symbolleiste auf das Dreieck neben „Regeln“ und wählen dann „Wenn-dann-sonst“ aus.

Wählen Sie dann „Wenn(2) Anrede gleich(3) Herr(4), dann „r“ (5) einfügen“. Bei Sonst(6) lassen Sie das Feld leer.

Klicken Sie dann wie gewohnt auf „Weiter: Vorschau auf Ihre Briefe“.

Das Hauptdokument und die Datenquelle werden automatisch miteinander verknüpft. Bei öffnen des Hauptdokuments wird die Datenquelle aktiviert.

Der Ausdruck des Serienbriefes

Über das Symbol „Seriendruck – Vorschau“ können Sie sich die fertigen Serienbriefe anzeigen lassen. Hier können Sie sich jedes einzelne Teildokument anzeigen lassen und überprüfen, ob die Platzhalter an der richtigen Stelle stehen.

Danach können Sie auswählen, ob die die Briefe sofort ausdrucken oder zunächst zwecks Überprüfung in einer neuen Datei speichern wollen. Sie können auch einzelne Briefe für den Druck auswählen.

Bedingungsfelder - Regeln

Bedingungsfelder werden genutzt um Datensätze nach bestimmten Kriterien, den Bedingungen, abzufragen. Dadurch sind Sie in der Lage bestimmte Funktionen, wie z.B. zusätzlichen Text oder einen alternativen Text einfügen, durchzuführen.

Setzen Sie den Cursor an die Stelle, an der Sie das Bedingungsfeld einfügen wollen. Jetzt können Sie in der Schaltfläche „Regeln“ die gewünschte Steueranweisung aussuchen. Geben Sie dann die benötigten Zusatzangaben oder Vergleichsgrößen an.

Das am Häufigsten benutze Bedingungsfeld ist das bereits verwendete „Wenn-dann-sonst“.

Das Bedrucken von Briefumschlägen und Etiketten

Sofern Ihr Drucker Ihnen die Möglichkeit bietet Adressetiketten und/oder Briefumschläge automatisch zu bedrucken, können Sie dieses mit der Serienbrieffunktion realisieren.

Wählen Sie „Seriendruck starten“ und bestimmen die Option Umschläge. Die Briefumschlagsgröße, Schriftarten und Position der Adressen können Sie hier festlegen.

Im abgebildeten Dialogfenster sehen Sie eingegebene Seriendruckfelder als Vorschau

Das Gleiche gilt für die Option Etiketten.

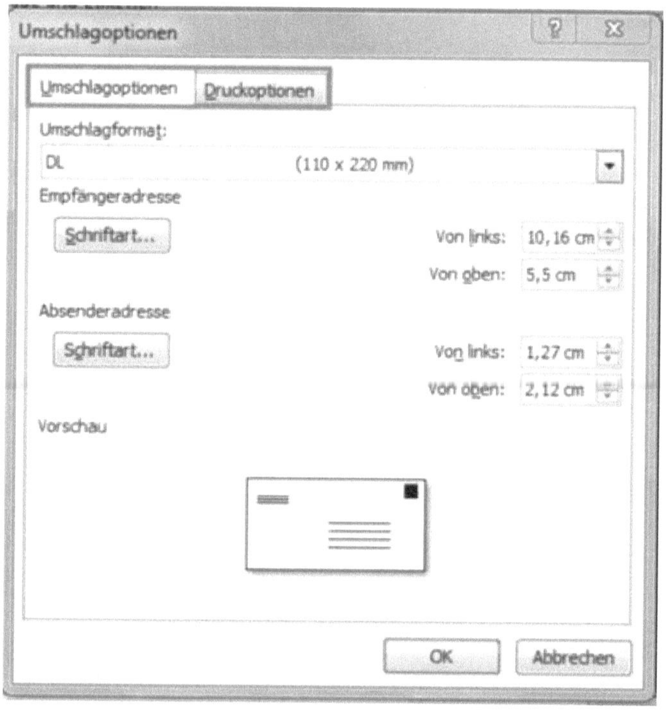

Exkurs Microsoft Excel

Wie bereits erwähnt können Sie Datenquellen sehr einfach mit Excel erstellen.

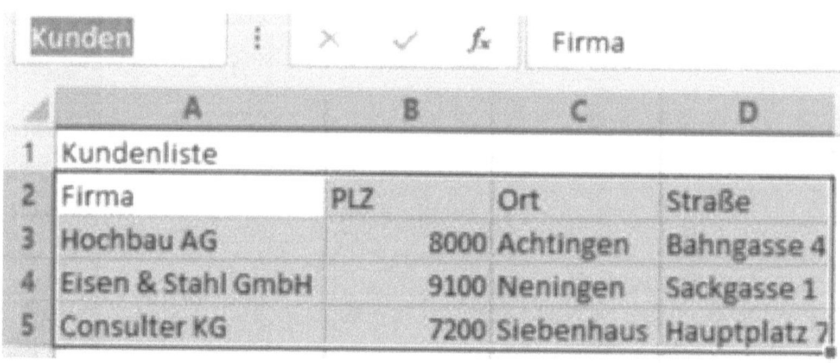

	A	B	C	D
1	Kundenliste			
2	Firma	PLZ	Ort	Straße
3	Hochbau AG	8000	Achtingen	Bahngasse 4
4	Eisen & Stahl GmbH	9100	Neningen	Sackgasse 1
5	Consulter KG	7200	Siebenhaus	Hauptplatz 7

Wählen Sie dazu entweder eine bestehende Tabelle oder Bereiche daraus oder erstellen Sie eine neue Tabelle. Danach können Sie mit dem Seriendruck-Manager wie gewohnt weiter arbeiten.

Serienbrieferstellung ohne Assistenten

Wenn Sie den Brief wie oben schreiben, aber nicht den Assistenten verwenden wollen, gehen Sie wie folgt vor:

- ✓ Gehen Sie in die Registerkarte „Sendungen".
- ✓ Klicken Sie auf Seriendruck starten – Briefe"
- ✓ Schreiben Sie Ihren Brief mit den entsprechen Platzhalten
- ✓ Klicken Sie auf das Symbol „Empfänger auswählen"
- ✓ Wenn Sie keine Datenquelle vorbereitet haben wählen Sie „Neue Liste eingeben"
- ✓ Geben Sie die erforderlichen Adressdaten in den Dialog „Neue Adressliste" ein. Diesen Dialog können Sie genauso anpassen wie über den Assistenten.
- ✓ Auch hier wird nach erfolgter Eingabe aller Adressdaten mit OK beendet.
- ✓ Sie werden wieder aufgefordert einen Namen für die Datei im Ordner „Meine Datenquellen" zu vergeben.
- ✓ Klicken Sie nach der Namensangabe auf „Speichern".
- ✓ Platzieren Sie den Cursor im Hauptdokument an die gewünschte Stelle und klicken Sie auf den Pfeil neben „Seriendruckfeld einfügen". Sie bekommen nun die Liste der zur Verfügung stehenden Felder. Klicken Sie der Reihe nach auf die benötigten Seriendruckfelder die dann nach und nach in Ihrem Hauptdokument erscheinen.

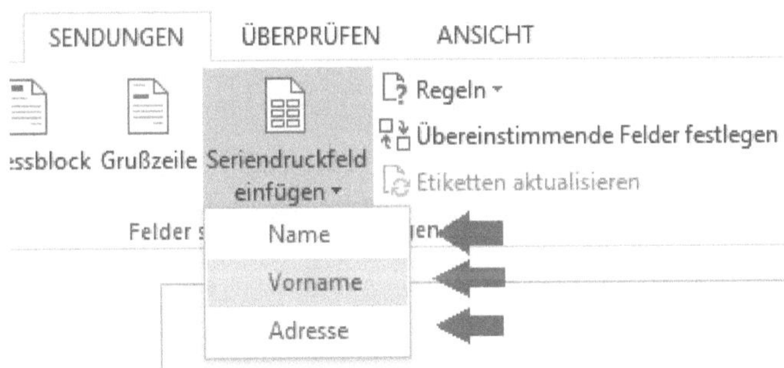

- ✓ Für einen ersten Blick auf den fertigen Serienbrief gehen Sie dann auf „Vorschau Ergebnisse". Über die Schaltflächen können Sie innerhalb der einzelnen Datensätze springen.
- ✓ Über das Symbol Regeln können Sie wie gewohnt Bedingungsfelder einfügen.
- ✓ Nun sollte das Dokument fertig und für den Seriendruck vorbereitet sein.
- ✓ Klicken Sie nun auf „Fertig stellen und zusammenführen" und „"Einzelne Dokumente bearbeiten". Klicken Sie auf OK und im Auswahlfenster auf „alle". So haben sie die Möglichkeit der letztmaligen Überprüfung.

- ✓ Sie haben auch die Möglichkeit sofort „Dokumente drucken“ zu wählen. Beachten Sie aber, dass ohne erneute Überprüfung evtl. hunderte von Seiten den Drucker fehlerhaft verlassen.

Herstellung und Verlag:
BoD - Books on Demand, Norderstedt
ISBN 978-3-7322-9334-6